상상력
놀이터
도서출판

이야기로 배우고 색칠하며 익히는 한국사 톡톡

4   쇄 2021년 12월 13일

엮 은 이	이응주
펴 낸 곳	상상력놀이터
펴 낸 이	이도원
교 정 . 교 열	이세영
독자편집위원	문현주, 임미경, 하삼민
캘 리 그 라 피	이나영
일 러 스 트	박정은
디 자 인	상상력놀이터 디자인팀
주 소	경기도 고양시 일산동구 정발산로 39 대양빌딩 607호
대 표 전 화	070-8227-4024
홈 페 이 지	www.sangsangup.co.kr
전 자 우 편	contact@sangsangup.co.kr
등 록 번 호	제 2015-000056 호
I S B N	979-11-88408-13-9

*책값은 표지 뒷면에 있습니다.
*이 책은 상상력놀이터에서 저작권자와의 계약에 따라 발행한 것으로 허락없이 복제할 수 없습니다.
*파본이나 잘못 인쇄된 책은 구입하신 서점에서 교환해드립니다.

이야기로 배우고 색칠하며 익히는 한국사 톡톡 2

스토리텔링과 컬러링으로 시작하는 한국사 입문서 2
<근현대사편>

책의 활용법

우노가 반짝!
컬러링 페이지

스토리와 맞는 그림으로 구성되어 있으며 색연필, 사인펜, 마카, 물감, 색종이 등 다양한 방법으로 색칠하거나, 꾸며보세요. 즐겁게 역사 공부를 할 수 있습니다. 색칠 말고도 말풍선 채우기, 숨은 그림 찾기, 직접 그리기 등 다양하게 구성되어 있습니다.

본문 좌뇌가 반짝!

여러분의 호기심을 불러일으키는 질문으로 시작해요. 각 시대별 중요한 사건과 인물에 관한 스토리로 역사를 쉽게 접할 수 있도록 구성되어 있습니다. 본문 이야기를 읽고 왼쪽 컬러링 페이지 위에 색칠을 하다 보면 어느새 역사 상식이 머리에 쏙쏙, 역사 실력이 쑥쑥 자라 있을 거예요.

더 알아보기

본문 스토리와 연관된 구체적인 내용들이나 꼭 알아야 하는 역사 상식이 들어 있어요. 중요한 포인트들은 밑줄 그어 놔 한눈에 쏙쏙 들어옵니다.

퀴즈

스토리 속에 숨어 있던 중요한 역사 상식들로 구성된 퀴즈입니다. 간단한 퀴즈도 있고, 논술과 같이 스스로 생각하고 적어야 하는 문제들도 있습니다. 스스로 생각하고 적다 보면 논리도 쑥쑥! 역사 실력도 쑥쑥!!

단원 별 들어가기 페이지

시대 별로 정리되어 있는 구성에 맞춰 작은 목차가 있습니다. 목차 앞 동그라미는 완성한 그림에 따라 체크하세요. 성취감이 쑥쑥!!

독자 활용법

넘치는행복 김현숙님
아이들과 가까운 곳부터 차근차근 한 곳 한 곳씩 역사여행을 하고 싶네요. 초등한국사 직접 체험해보고, 듣고, 만지고 하면서 자연스럽게 아이들과 친해지게 해주고 싶어요. 눈으로 직접 보고, 이야기를 읽고, 이색톡으로 색까지 입히면 금상첨화겠어요.

박은경님 히지니아
아이가 커갈수록 여행지로 아이가 배울만한 장소를 찾게 되네요. 이야기로 배우고 색칠하며 익히는 한국사톡톡이 역사여행, 어린이 체험여행에 도움이 될 것 같아요.

무소유 권은희님
책으로만 읽었다면 어떤 모습인지 상상만 하거나, 생각도 하지 않았을 텐데 그림으로 확인하면서 조금 더 유심히 보는 것 같습니다. 본문 내용만으로도 충분하지만 조금 더 자세히 알고 싶으면 책을 통해서 연계 학습도 가능한 한국사 컬러링북입니다.

권현주님 두아이엄마
아들은 역사 공부를 지루해하고, 딸은 역사에 별로 관심이 없어서 걱정이었는데, 인터넷으로 검색하며 칠하는 모습을 보니 조금씩 관심을 갖는 것 같아 기뻐요. 역사도 배우고 미술도 겸하는 것 같아 좋습니다.

쭈랑쭈니랑 이혜련님
단순히 색칠 말고도 말풍선 채우기, 숨은 그림 찾기, 직접 그리기가 있어서 아이들이 즐거워해요. 어떻게 색칠해서 완성할지 서로 계획을 세우기까지지요!! 역사 이야기를 접하기 전에도 그림으로 호기심을 가지더니 이야기 읽으며 더욱 기억에 남는 게 느껴졌답니다.

박태진님 덩치아빠
저는 앞으로 이 책에 있는 지역을 다니며 그곳에 대해 알아보는 시간을 가지려고 합니다. 역사는 어렵고 딱딱하고 어려운 과목 중 하나라 생각했는데, 아이들과 스토리텔링과 컬러링을 통하여 재미있게 역사 지식을 습득하는 것 같아 좋습니다.

마인드 맵으로 살펴보는 근현대사

1. 개항과 대한제국

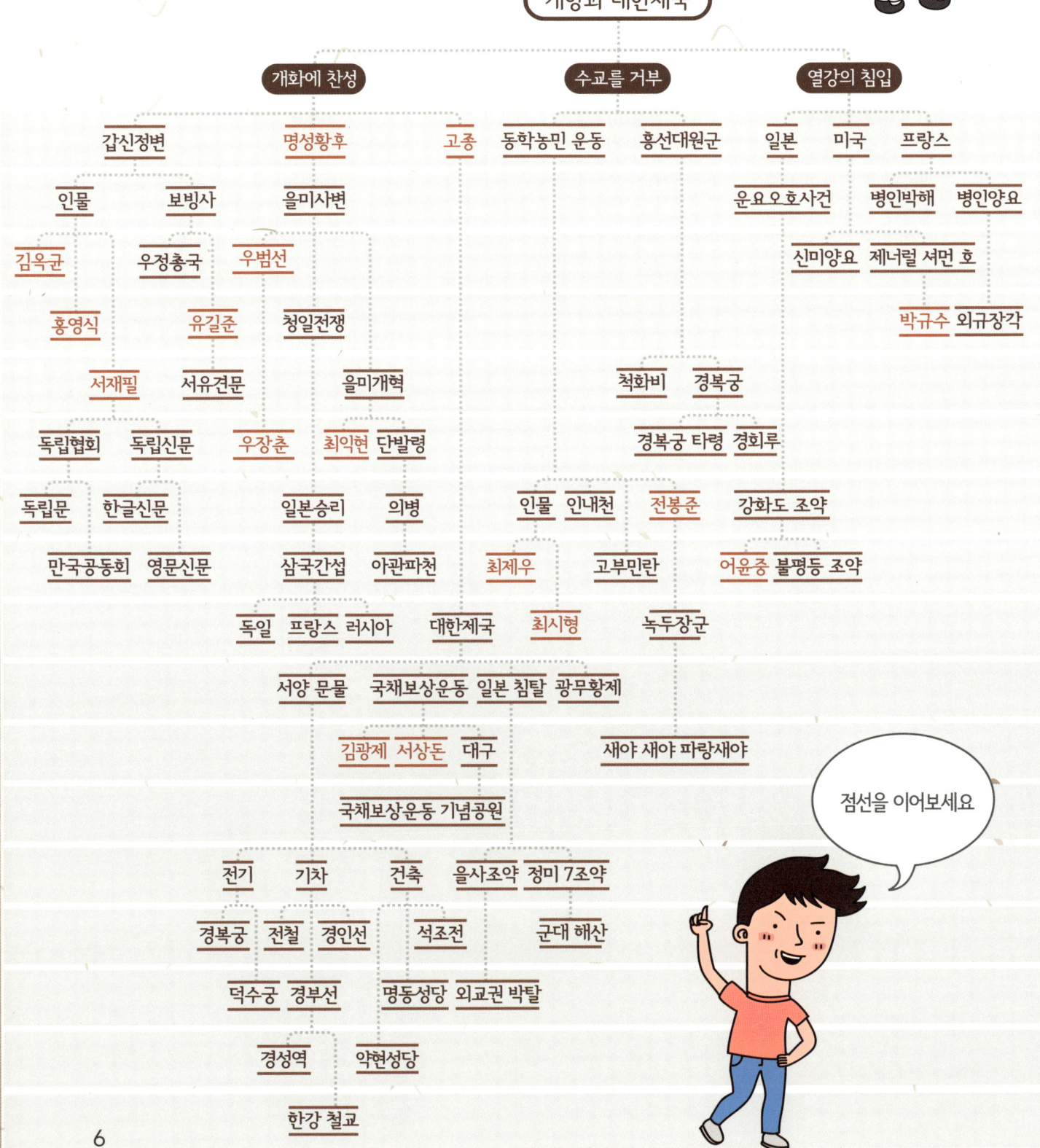

점선을 이어보세요

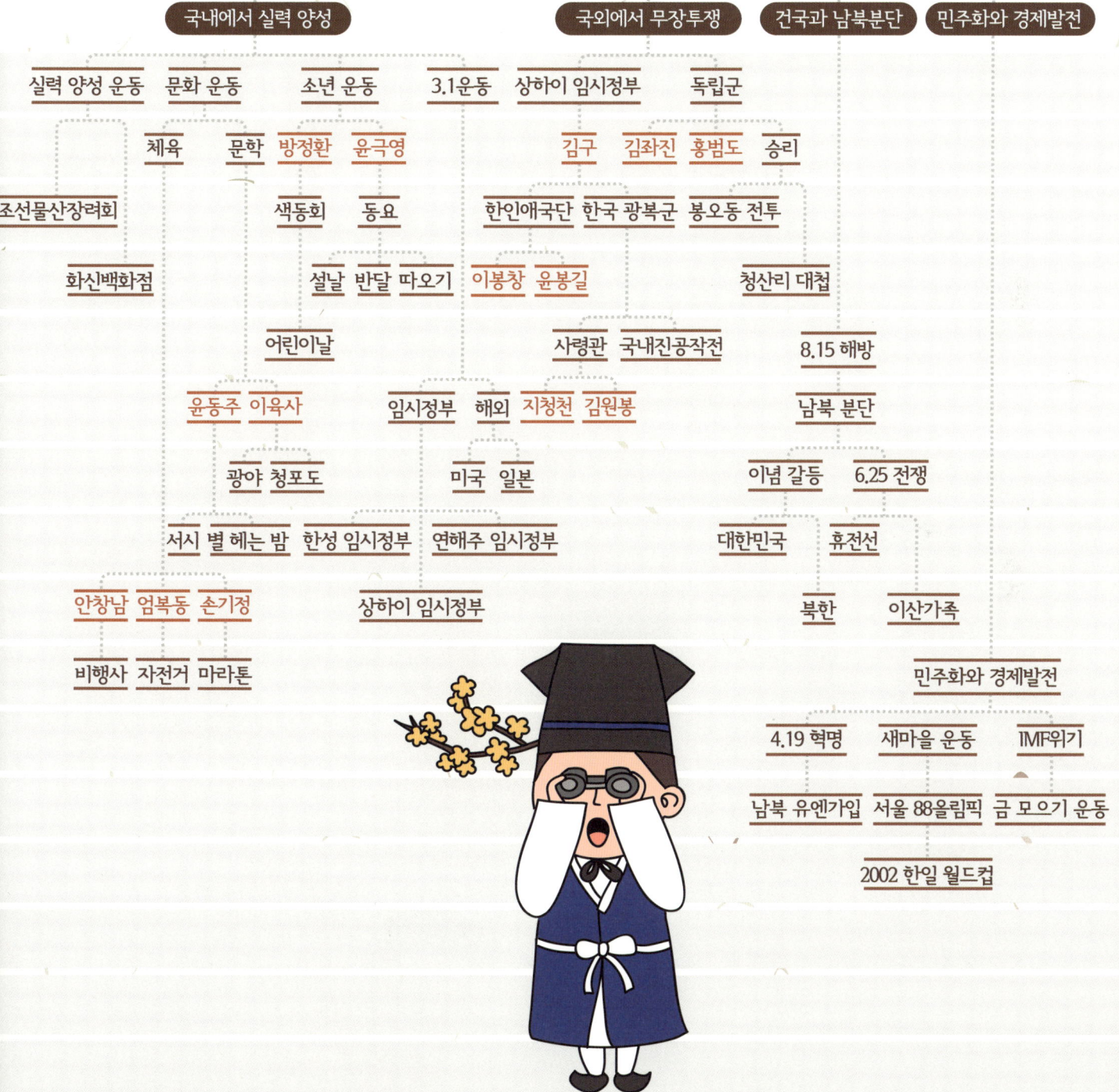

들어가며

책의 활용방법 --------------------------------- 4
독자 활용법 ---------------------------------- 5
마인드 맵으로 살펴보는 근현대사 ----------------- 6
차례 --------------------------------------- 8
한눈에 살펴보는 근현대사 연표 ------------------ 10

1장 대한제국

1. 경복궁의 경회루 : 경복궁을 지으면서 부르던 노래는 무엇일까? ------- 12
2. 척화비 : 우리나라에 처음으로 쳐들어온 서양 국가는 어디였을까? ------ 14
3. 강화도 조약 : 외국에 문을 연 최초의 항구는 어디일까? ------------- 16
4. 우정국 : 우리나라 최초의 우체국 이름은 무엇이었을까? -------------- 18
5. 동학농민 운동과 전봉준 : 녹두꽃이 떨어지면 가장 슬픈 사람은 누구일까? ---- 20
6. 명성황후 : 러시아의 힘을 빌려 일본을 몰아낼 수 있었을까? ---------- 22
7. 단발령과 아관파천 : 내 목은 잘라도 내 머리카락은 자를 수 없다? ---- 24
8. 대한제국의 성립 : 조선에서 대한제국으로 어떻게 바뀌었을까? -------- 26
9. 독립문 : 우리나라에 파리 개선문이 있다? --------------------- 28
10. 명동성당 : 우리나라에 세워진 최초의 고딕양식 성당은 무엇일까? ---- 30
11. 경성역과 경인선 : 우리나라 최초의 기찻길은 언제 만들어졌을까? ---- 32
12. 을사조약 : 일본이 억지로 빼앗고 싶었던 것은 무엇이었을까? ------- 34
13. 국채보상운동 : 빚 때문에 나라를 잃을 수 있을까? ---------------- 36
14. 헤이그 특사 : 을사조약의 부당함을 알린 특사들이 있다? ---------- 38
15. 안중근 의사 : 안중근 의사가 이토를 죽인 이유는 모두 몇 가지 일까? ---- 40
16. 통감부와 조선총독부 : 일본 총독은 군인이었다? ------------------ 42

Quiz. 꽃유생과 역사 TALK -------------------- 44

2장 임시정부

17. 유관순 열사와 3.1 운동 : 3.1 운동 당시 유관순 열사는 몇 살이었을까? ----- 46

18. 대한민국 임시정부 수립 : 임시정부는 모두 몇 개였을까? ----- 48

19. 청산리 대첩 : 제대로 된 무기 없이 독립군은 어떻게 일본군과 싸웠을까? ----- 50

20. 조선물산장려회 : 일제강점기 조선에서 가장 잘 팔리는 물건은 무엇이었을까? ----- 52

21. 어린이날 제정 : 어린이날은 왜 생겼을까? ----- 54

22. 아리랑 : 일제강점기 때 가장 인기 있던 영화는 무엇이었을까? ----- 56

23. 안창남 : 우리나라 최초의 비행사는 누구일까? ----- 58

24. 화신상회 : 우리나라 최초의 백화점 이름은 무엇일까? ----- 60

25. 윤봉길 의사 : 백만 명도 못한 일을 혼자서 할 수 있을까? ----- 62

26. 손기정 : 손기정은 왜 금메달을 따고도 슬펐을까? ----- 64

27. 윤동주와 이육사 : 글로 독립운동을 할 수 있을까? ----- 66

Quiz. 꽃유생과 역사 TALK ----- 68

대한민국 3장

28. 독립군와 8.15 광복 : 우리나라는 언제 해방되었을까? ----- 70

29. 대한민국 정부수립 : 대한민국과 조선, 두 국가로 나뉘어 독립하다? ----- 72

30. 6.25 전쟁 : 남한과 북한을 나누는 선은 무엇일까? ----- 74

31. 4.19 혁명 : 혁명에 앞장섰던 학생은 몇 살이었을까? ----- 76

32. 새마을 운동 : 새마을 운동은 농촌에서만 펼쳤다? ----- 78

33. 이산가족 찾기 : 이산가족들은 몇 년 만에 다시 만났을까? ----- 80

34. 서울 88올림픽 : 88년 올림픽에서 우리나라는 몇 위를 했을까? ----- 82

35. 남북 동시 유엔(UN)가입 : UN에는 몇 개의 나라가 가입되어있을까? ----- 84

36. IMF와 금 모으기 운동 : 국민들이 외환위기에 자발적으로 헌납한 것은 무엇일까? ----- 86

37. 2002 한일 월드컵 : 축구에서 12번째 선수는 누구일까? ----- 88

38. 독도의 날 : 독도는 하나일까? ----- 90

Quiz. 꽃유생과 역사 TALK ----- 92

Quiz. 정답 ----- 93

한눈에 살펴보는 근현대사 연표

출발~

1867년	1871년	1876년	1884년	1894년	1895년	1896년	1897년
경회루 건립	척화비 건립	강화도 조약	우정국 설치	동학농민 운동	명성황후 시해	단발령 아관파천	대한제국 성립

1910년	1909년	1907년	1907년	1905년	1899년	1898년	1897년
통감부 조선총독부	안중근 의사 하얼빈 의거	헤이그 특사	국채보상 운동	을사조약	경성역 경인선	명동성당	독립문 건립

1919년	1919년	1920년	1920년	1922년	1926년	1930년	1931년
3.1 운동	대한민국 임시정부	청산리 대첩	조선물산 장려회	어린이날 제정	영화 <아리랑>	안창남	화신상회 설립

1970년	1960년	1950년	1948년	1945년	1945년	1936년	1932년
새마을 운동	4.19 혁명	6.25 전쟁	대한민국 정부수립	8.15 광복	윤동주 이육사	손기정	윤봉길 의사 의거

1983년	1988년	1991년	1997년	2002년	2012년
이산가족 찾기	서울 88올림픽	남북 UN 동시가입	IMF 금모으기 운동	2002 한일 월드컵	독도의 날

제1장 대한제국

- 1867 — 1. 경복궁의 경회루
- 1871 — 2. 척화비
- 1876 — 3. 강화도 조약
- 1884 — 4. 우정국
- 1894 — 5. 동학농민 운동과 전봉준
- 1895 — 6. 명성황후
- 1896 — 7. 단발령과 아관파천
- 1897 — 8. 대한제국의 성립
- 1897 — 9. 독립문
- 1898 — 10. 명동성당
- 1899 — 11. 경성역과 경인선
- 1905 — 12. 을사조약
- 1907 — 13. 국채보상운동
- 1907 — 14. 헤이그 특사
- 1909 — 15. 안중근 의사
- 1910 — 16. 통감부와 조선총독부

1. 경회루

경복궁을 지으면서 부르던 노래는 무엇일까?

"우리나라 좋은 나무는 경복궁 중건에 다 들어간다. 도편수의 거동을 봐라 먹통을 들고서 갈팡질팡한다."

'경복궁 타령'은 경복궁을 짓느라 힘들었던 백성들이 부르던 것이에요. 힘든 마음에 노래라도 불러 기운을 차리려고 했던 것이지요.

1863년, 고종(1852~1919)은 임금이 되었지만 그때 나이는 겨우 12살이었기 때문에 아버지인 흥선대원군(1820~1898)이 어린 고종을 대신하여 나랏일을 맡고 있었어요. 흥선대원군에게 큰 걱정이 있었는데, 그것은 백성들이 나라와 왕실을 우러러보지 않는 것이었어요. 그동안 욕심 많은 신하들이 나랏일을 마음대로 하며 백성들을 괴롭혔기 때문이에요. 게다가 서양 오랑캐들이 바다를 오가며 소란을 피우고 있었지요.

흥선대원군은 궁궐을 크게 지어 왕권을 높이고자 했어요. 경복궁은 약 250년 전 임진왜란 때 까맣게 불타버린 채 덩그러니 버려져 있었는데, 경복궁을 크고 멋지게 다시 지어 백성을 안심시키고 외국 사람들이 우리나라를 얕잡아보지 못하게 만들고자 했어요. 그러나 흥선대원군은 경복궁을 다시 짓기 위해 많은 백성들을 힘들게 했어요. 경복궁에서 가장 아름다운 건물은 파란 하늘이 비치는 연못 위에 지은 '경회루'인데, 이 건물을 보면 짓느라 고생하던 당시 백성들의 노랫소리가 들리는 것 같아요.

더 알아보기

서울에는 궁궐이 몇 개나 있을까?

TALK

서울에는 모두 5개의 궁궐이 있다. 첫 번째로 세운 경복궁은 임진왜란에 불에 타버렸다가 흥선대원군이 다시 세웠다. 경복궁의 동쪽에는 창덕궁과 창경궁이 있고, 서쪽에는 경희궁과 경운궁이 있다. 경운궁은 대한제국 시대 덕수궁으로 이름을 바꿨다.

경회루

2. 척화비

우리나라에 처음으로 쳐들어온 서양 국가는 어디일까?

　1866년 평양 근처 대동강에 이상한 배가 한 척 나타났어요. 이 배의 이름은 '제너럴 셔먼 호'로 미국 배였어요. 미국사람들은 우리와 장사를 하기 위해 친절하게 대했지만 뜻대로 되지 않자 우리나라 사람들을 잡아 가두며 사납게 굴었어요. 그때 우리나라는 다른 나라와 함부로 장사하지 못하도록 법으로 금지하고 있었기 때문이에요. 당시 평양을 다스리던 박규수(1807~1877)는 우리나라를 괴롭히던 미국 배를 공격하여 불태워 버렸어요.

5년 뒤인 1871년, 미국 군함이 강화도로 쳐들어 왔어요. 겉으로는 제너럴 셔먼 호 때문이라고 했지만 속마음은 어떻게 해서라도 우리나라와 장사를 하려는 것이었어요. 강화도를 지키던 어재연(1823~1871)장군은 미국 군대에 맞서 용감하게 싸웠지만 안타깝게도 지고 말았답니다. 그러나 조선 군대의 용맹스러움에 겁을 먹은 미국 군인들은 그냥 자기들 나라로 돌아갔어요.

이 소식은 당시 나라를 다스리던 흥선대원군에게 알려졌어요. 흥선대원군은 우리나라가 서양 군대를 용감하게 막아낸 것을 자랑스럽게 생각하고 전국에 '척화비'라는 비석을 세웠어요. 척화비에는 '서양 오랑캐와 싸우지 않고 친하게 지내는 것은 나라를 파는 것'이라고 적혀있어요.

더 알아보기

강화도에 보물 창고가 있었다? TALK

나라에서 천주교를 괴롭히던 시기인 1866년에, 여러 프랑스 신부들이 처형을 당하였다. 그러자 프랑스 함대가 강화도를 침범하고 왕실의 보물창고인 외규장각의 보물을 빼앗았다. 이때 강화도의 양헌수(1816~1888)는 프랑스 군을 공격하여 물리쳤다. 이것을 병인양요라고 한다. 그 후 1871년에는 미국이 제너럴 셔먼 호 사건을 핑계로 다시 강화도를 침범하였는데 이것이 신미양요이다.

3. 강화도조약

외국에 문을 연 최초의 항구는 어디일까?

우리보다 조금 일찍 서양의 문물을 받아들인 일본은 가까운 우리나라를 노리고 있었어요. 일본은 군함을 타고 강화도로 와서 우리나라와 장사를 하자고 으름장을 놓았어요. 고종은 처음으로 물건을 사고팔기에는 프랑스나 미국과 같은 서양 나라보다 일본이 낫다고 생각했어요.

"예로부터 우리나라는 일본을 오가며 무역을 하고 있기 때문에 괜찮을 듯 하옵니다." 몇몇 높은 관리들도 괜찮다 말했어요.

1876년, 우리나라는 항구를 열어서 일본과 서로 오가며 장사를 할 수 있도록 약속을 맺었어요. 맨 처음 오갈 수 있게 된 항구는 부산이었답니다. 이 약속을 강화도에서 맺었기 때문에 강화도조약이라고도 하고, 병자년에 맺었다고 병자수호조약이라고도 해요.

그러나 강화도조약에는 일본에 유리하지만 우리에게는 불리한 내용이 많았어요. 우리나라는 마음대로 세금을 거두지 못했어요. 일본인은 자기 마음대로 우리나라의 바다를 오가며 지도를 만들 수도 있었고요. 1883년까지 조약을 여러 번 고치면서 불리한 내용을 바꾸었어요. 그래도 강화도조약 이후로 우리나라는 세계에 문을 열고 새로운 물건을 받아들이며 한 걸음씩 나아가기 시작하였어요.

강화도조약에서 문을 연 3곳의 항구는 어디일까?

TALK

일본은 강화도 조약에서 3곳의 항구를 열라고 요구하였다. 첫 번째 항구는 부산이었고, 나머지는 인천과 지금의 북한 지역에 속하는 원산이었다. 부산은 남해의 항구로 선택하였고, 인천은 서해, 원산은 동해의 항구였다. 인천은 서울과 가까워 정치적인 이유가 컸고, 원산은 러시아를 막으려는 것이 일본의 속셈이었다.

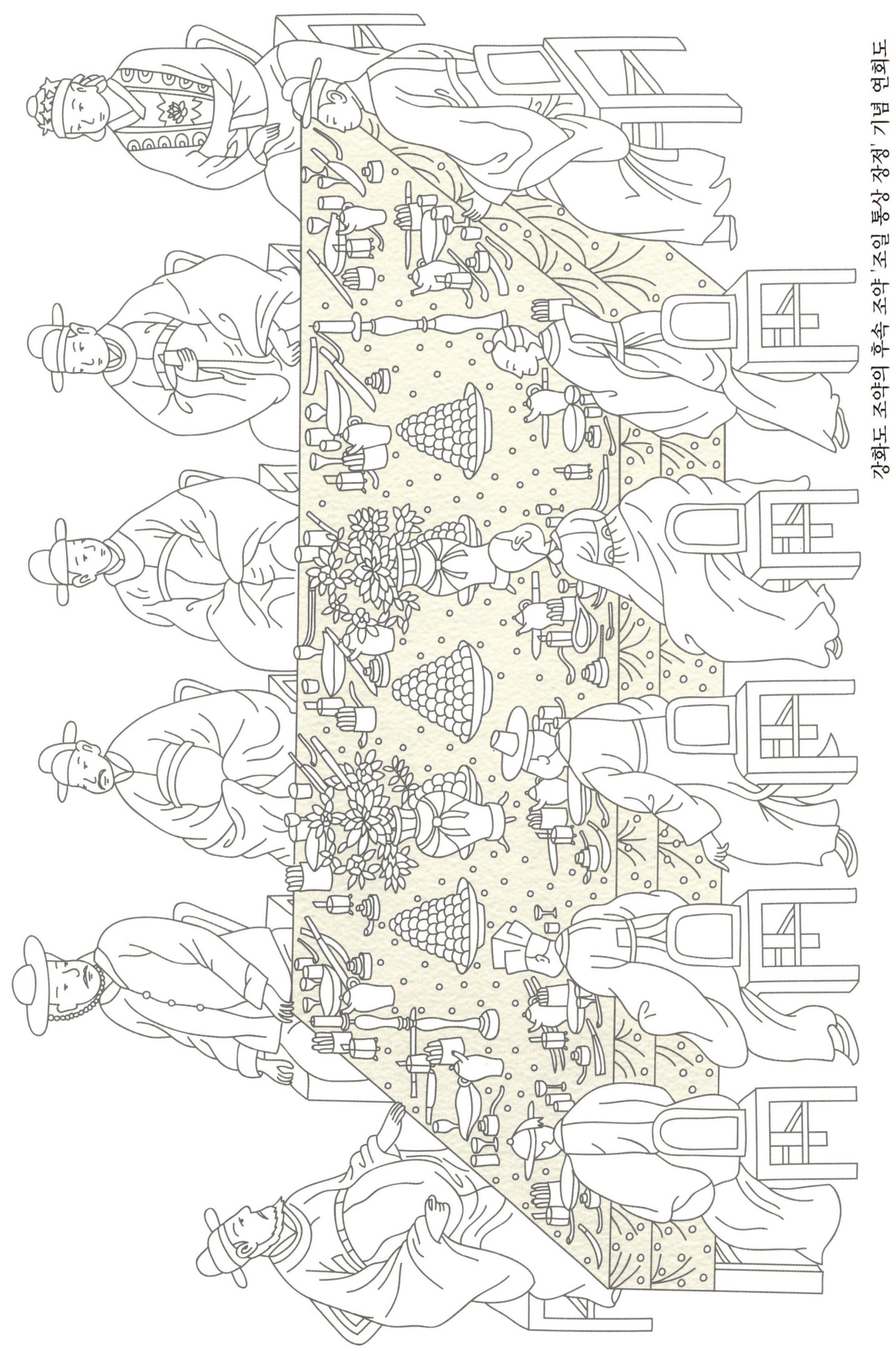

강화도 조약의 후속 조약 '조일 통상 장정' 기념 연회도

4. 우정국

우리나라 최초의 우체국 이름은 무엇이었을까?

일본과 처음으로 조약을 맺은 뒤, 우리나라는 점차 서양에도 항구를 열고 서로 자유롭게 장사를 하기로 약속하였어요. 1882년, 우리나라는 서양 국가 중에는 미국과 먼저 조약을 맺고 영국, 독일, 러시아, 이탈리아 그리고 프랑스와도 조약을 맺으며 평화롭게 지내자고 약속을 했어요. 지금과 마찬가지로 우리나라에서 가장 가까운 나라는 중국에 있었던 청나라와 바다 건너 일본이었어요. 고종은 젊고 똑똑한 인재들을 뽑아 가까운 청나라와 일본에 가서 여러 가지 발달된 제도와 기술을 배워오도록 시켰어요. 그리고 멀리 미국에도 사람들을 보내서 서양을 직접 보고, 발달된 기술을 배워오라고 했어요.

이렇게 미국으로 떠난 사람들을 '보빙사'라고 불렀어요. 보빙사 일행은 미국에서 농업 기술과 우편제도 등 좋은 기술과 제도를 익혀서 조선으로 돌아와 우리나라에도 미국처럼 편지를 주고받는 우편제도를 만들기로 했어요. 서울에 우정총국이라는 우체국 본부를 만들고, 편지를 배달할 우편배달부들도 뽑았다고 해요. 지금은 손으로 쓰는 편지보다는 스마트폰이나 인터넷으로 소식을 주고받지만, 당시에는 우편이 가장 앞선 제도였어요.

더 알아보기

세계 여행을 한 최초의 한국인은 누구였을까?

TALK

보빙사에 소속된 유길준(1856~1914)은 조선으로 돌아가지 않고 미국에 남아서 공부를 더 하였다. 그리고는 미국에서 유럽을 거쳐 전 세계를 한 바퀴 돌아 다시 조선으로 돌아왔다. 이렇게 해서 유길준은 우리나라 사람으로는 처음으로 세계여행을 한 사람이 되었다. 또 이 여행에서 보고 느낀 점을 책으로 만들었고, 책 이름을 '서유견문'이라고 하였다.

우편엽서

처음 우체국이 생겼다고 생각하고 친구에게 편지를 써 보세요.

보빙사의 홍영식과 우정국

5. 동학농민 운동과 전봉준

녹두꽃이 떨어지면 가장 슬픈 사람은 누구일까?

옛날부터 전해지는 우리나라 노래 가운데 녹두꽃에 대한 노래가 있어요.
"새야 새야 파랑새야 녹두밭에 앉지 마라. 녹두꽃이 떨어지면 청포 장수 울고 간다."
어때요, 쉽죠? 이 노래는 파랑새와 녹두꽃, 청포 장수에 대한 노래인 것 같지만 사실은 다른 사람을 빗대어 부른 것이에요. 녹두꽃의 '녹두'와 청포 장수의 '장수'를 합치면 '녹두 장수'가 되지요? 전래민요 〈새야 새야 파랑새야〉는 1894년 동학 농민과 함께 백성과 나라를 위해 앞장서서 싸웠던 녹두장군 전봉준(1855~1895)을 기리는 것이랍니다.

전봉준은 전라도 고부에서 백성을 괴롭히는 욕심 많은 군수를 쫓아냈어요. 그랬더니 나라에서는 오히려 농민들을 탓하며 마을 사람들을 더 괴롭혔답니다. 그래서 전봉준은 동학 교도들과 함께 농민들을 이끌고 서울에서 내려온 군대까지 물리쳤어요. 그리고는 백성들이 자기 스스로 마을 일을 맡아서 다스리도록 하였지요.

서울의 관리들은 일본의 군대로 농민들을 몰아내려고 하였어요. 그래서 전봉준과 동학 농민들은 다시 모여서 서울로 일본군을 무찌르러 올라갔어요. 하지만 기관총과 대포 등으로 무장한 일본군에게 수많은 농민들이 죽거나 다치면서 싸움에 지고 말았답니다. 전봉준 장군도 결국 일본군에게 잡히고 말았어요.

더 알아보기

동학은 이후 어떻게 되었을까? TALK

동학은 1860년 최제우(1824~1864)가 경주에서 창시한 종교이다. 이후 경상도와 전라도, 충청도는 물론 황해도까지 퍼져 나갔다. 갑오농민전쟁 이후 2대 교주 최시형(1827~1898)을 거쳐 3대인 손병희(1861~1922)에 이르러 천도교로 이름을 바꾸었다. 이후 일제 강점기 독립운동과 어린이 운동에도 앞장섰다.

6. 명성황후

러시아의 힘을 빌려 일본을 몰아낼 수 있었을까?

양띠 해였던 1895년 10월 어느 날 새벽쯤이었어요. 아직 어두운 데 칼을 차고 총을 든 사람들이 경복궁에 우르르 몰려들었어요. 이 사람들은 다짜고짜 왕비님이 있는 곳으로 쳐들어갔어요. 여러 병사와 장군이 맞서 싸웠지만 갑자기 달려드는 침입자를 물리치지 못하였어요.

왕비님은 훗날 명성황후(1851~1895)로 불리는 분이었어요. 깜짝 놀란 궁녀들이 서둘러 몸으로 막았지만, 괴한들에 의해 명성황후는 돌아가시고 말았어요. 날이 밝은 뒤 이 침입자들이 누구인지 알아보니, 일본 군인과 일본인 폭력배는 물론 조선인 군인들도 있었어요. 도대체 왜 이런 짓을 저질렀을까요?

그해 일본은 중국 청나라와 전쟁에서 이기고는 마치 우리나라를 차지한 것처럼 거들먹거렸는데, 명성황후는 이웃인 러시아 사람들을 불러서 일본인을 물리치려고 하였어요. 일본인들은 명성황후에게 앙심을 품고 못된 짓을 저지른 것이었어요. 일본이 명성황후를 시해한 사건을 '을미사변'이라고 해요.

이 소식은 우리나라 전국 방방곡곡에 전해졌고, 전 세계 다른 나라에도 알려졌어요. 많은 사람이 못된 일본인을 우리나라에서 내쫓기 위해 마음과 힘을 모으기 시작했고 모두가 함께 의병이 되어 일본군과 맞서 싸웠어요.

처음으로 씨 없는 수박을 만든 사람은 누구일까?

TALK

명성황후가 시해된 사건을 을미사변이라고 한다. 이 당시 일본 군인과 함께 시해에 참여한 조선인 군인이 있었는데, 이 중 우범선(1857~1903)은 일본으로 달아났다. 이후 일본인 여자와 결혼하여 낳은 아들이 우장춘(1898~1959.8.11)이다. 농생물 학자가 된 우장춘은 아버지의 잘못을 갚기 위해 해방된 우리나라에 와서 씨 없는 수박을 만들며 농업 발전에 기여하였다.

7. 단발령과 아관파천

내 목은 잘라도 내 머리카락은 자를 수 없다?

　지금은 누구나 자기가 원하는 대로 머리카락을 꾸밀 수 있지만 지금부터 100년쯤 전에는 그러지 못했답니다. 누구든지 태어나면서부터 죽을 때까지 머리카락을 길렀는데, 어른이 되어 결혼을 하면 머리카락을 묶어야 했어요. 이것을 여자는 쪽이라 하고, 남자는 상투라고 해요.

1895년 어느 날, 갑자기 고종은 머리의 상투를 잘라 단발머리를 하라는 단발령을 내렸어요. 그리고 단발머리를 한 자신의 모습을 찍어서 백성들에게 보여 주었어요. 우리나라 사람들은 단발을 한 고종을 보고 모두 깜짝 놀라고 말았어요.

알고 보니 그 일은 일본 사람들이 억지로 시킨 일이었어요. 명성황후를 죽인 일본인들이 친일파 대신들과 함께 또다시 임금님을 협박한 것이었지요. 그렇지 않아도 명성황후가 돌아가신 것에 화가 나있던 사람들은 결국 참았던 화를 터뜨리고 말았어요. 마을마다 사람들은 무기를 들고 모여 군대를 만들기 시작했어요. 일본인과 친일 대신들은 갑작스러운 상황에 어쩔 줄 몰라 했어요. 그 틈을 타 1896년 2월, 고종은 궁궐을 빠져나와 바로 옆에 있던 러시아 대사관으로 피신하였어요. 이 일을 '아관파천'이라고 불러요. 러시아 대사관을 '아관'이라 하고 임금님이 피신하는 것을 '파천'이라고 불렀기 때문이에요.

단발령이 있기 전에는 남자들도 머리가 길었지

우와! 신기하다

더 알아보기

우리나라 최초의 카페는 누가 만들었을까? TALK

러시아 공사관으로 피신한 동안 서양 음식을 접하게 된 고종은 커피를 좋아하게 되었다. 공사관에서 돌아온 뒤에도 커피를 즐겨 마셨는데, 당시 고종이 가장 좋아한 커피는 손탁(Sontag, 1854~1925)이라는 독일 여성이 만든 것이었다. 이후 손탁은 서울에 '손탁 호텔'을 운영하면서 호텔 안에 커피를 파는 카페를 두었고, 이것이 우리나라의 최초의 카페이다.

단발을 한 고종

8. 대한제국의 성립

조선에서 대한제국으로 어떻게 바뀌었을까?

　조선의 임금님이었던 고종은 우리나라를 살기 좋고 훌륭한 나라로 만들기 위해 많은 노력을 기울였어요. 백성들 모두가 평등하게 살도록 신분제를 없애고, 나라의 제도도 보다 편리하게 고쳤어요. 우리나라의 발전을 위해서 여러 나라의 새롭고 좋은 점들을 열심히 배웠어요. 그리고는 처음부터 다시 시작하는 마음과 더 이상 다른 나라에 기대지 않겠다는 다짐으로 나라 이름도 새롭게 지었어요.

고종은 옛날 단군왕검의 조선 다음의 나라였던 '한국'을 새로운 나라의 이름으로 삼았어요. 이렇게 해서 만들어진 이름이 바로 '대한제국'이에요. 옛날 한국처럼 평화롭고 살기 좋으면서, 다른 나라에 기대지 않는 황제가 다스리는 나라라는 뜻이 담겨있어요.

지금 우리나라 이름이 '대한민국'인 것은 '대한제국'을 이은 나라라는 뜻이지!

고종은 서울 한가운데 둥그렇게 흙으로 단을 쌓으라고 명령했어요. 이 단의 이름을 원구단이라 짓고, 그곳에서 하늘에 제사를 지냈어요. 마치 단군왕검이 참성단에서 하늘에 제사를 지내는 것처럼요. 사람들은 기뻐서 두 팔을 번쩍 들고 큰소리로 함성을 질렀어요. 새로운 나라와 임금님을 위해 '대한제국 만세!', '황제 폐하 만세!'라고 소리쳤어요.

더 알아보기

원구단(환구단)은 어디에 있을까? **TALK**

고종은 대한제국을 선포하고 황제에 올라 연호를 '광무'라 하였다. 광무황제는 제사를 위해 원구단을 만들었는데, 원구단(환구단)은 현재 서울의 소공동에 있었다. 일제는 1914년에 원구단을 헐고 호텔을 짓고서는 조선호텔이라 이름을 붙였다. 원구단의 부속 건물인 황궁우는 보존되어있다. 지금도 호텔 마당에 황궁우와 함께 돌로 만든 북과 대문 등이 남아 있다.

환구단의 황궁우

9. 독립문

우리나라에 파리의 개선문이 있다?

　서울에는 동서남북으로 네 개의 큰 문이 있는데, 이 중에 사람들이 가장 많이 다니는 곳은 동대문과 남대문이에요. 그래서 노래도 있어요. "동, 동, 동대문을 열어라, 남, 남, 남대문을 열어라. 열두 시가 되면은 문을 닫는다!"

조선의 임금님이었던 고종이 대한제국의 황제인 광무제가 되었을 때 서울에 새로운 문이 하나 더 세워졌어요. 서대문 밖에 만들어진 이 문의 이름은 '독립문'이었어요. 독립문은 프랑스 파리에 있는 개선문을 본떠 만들었는데, 미국에서 돌아온 서재필(1864~1951)이 앞장서서 지었어요.

서재필은 조선으로 돌아오자마자 한글로 쓰인 신문을 만들고 이름을 '독립신문'이라고 붙였어요. 또한 아직 러시아 공사관에 있던 고종과 다른 사람들을 설득해서 단체를 만들고, 이 단체의 이름에도 독립이라는 글자를 넣어 독립협회라고 불렀어요. 독립협회에서 돈을 모아 독립문을 세우기로 하자 고종부터 시장의 상인이나 백성들까지 서로 돈을 모아 독립문을 세우도록 도와주었어요. 서재필은 독립문을 통해 우리나라가 이제는 더 이상 중국이나 러시아 같은 다른 나라에 기대지 않고 스스로 발전할 수 있다는 것을 보여주고자 하였어요.

독립신문 광고에 나온 영어사전의 값은 얼마였을까?

TALK

1896년에 만들어진 독립신문에는 현대 신문과 마찬가지로 광고를 싣고 있었다. 당시 영어를 공부하려는 사람을 대상으로 영어사전인 <한영자전>과 영어문법 책인 <한영문법>을 홍보하는 광고가 실렸는데, <한영자전>은 4원, <한영문법>은 3원이었다. 당시 관립학교 선생님의 첫 월급이 20원이었는데, 4원을 지금 돈으로 계산하면 약 30만원 정도이다.

독립문

10. 명동성당

우리나라에 세워진 최초의 고딕양식 성당은 무엇일까?

　서울 한가운데 신기한 집이 하나 생겼어요. 붉은 벽돌로 지은 천주교 성당이었어요. 성당은 종현이라는 고개 위에 세워졌는데, 뽀족한 탑처럼 지어 더 높아 보였어요. 주변에 2층 집이 거의 없는데다 높이 있어서 멀리서도 잘 보였기 때문에 많은 사람이 구경하러 왔어요.

이렇게 뽀족탑이 있는 성당은, 서양 성당의 모양을 그대로 빌려온 것이에요. 이런 모양을 '고딕'이라고 부르는데 우리나라에서는 처음 지어진 모양이었어요. 성당이 지어진 자리는 옛날 우리나라에서 천주교가 처음 시작된 터로, 유명한 정약용 형제들이 모였던 곳이기도 해요.

종현에 성당을 지은 것은 1898년이었어요. 그리고 2년 뒤 경운궁(지금의 덕수궁)에도 서양식 건물을 짓기 시작했어요. 건물을 다 짓기까지 10년이나 걸렸다고 해요. 경운궁에 지은 건물은 '르네상스'식으로 지었으며, 돌로 지은 궁전이라고 해서 '석조전'이라고 이름을 붙였어요. 그때는 기와집이나 초가집만 있었기 때문에 서양식 집은 신기한 구경거리였어요. 반대로 이제는 서울에 남아 있는 기와집이 특별한 구경거리가 되었지요. 그러나 명동 성당이나 석조전은 여전히 귀중한 우리나라의 문화재예요.

더 알아보기

최초로 전등불이 들어온 곳은 어디였을까?

TALK

미국의 발명가 토마스 에디슨이 1879년에 전구를 발명했다. 우리나라에 전기로 빛을 내는 전등불을 설치한 것은 <u>8년 뒤 1887년</u>이다. 1885년에 을미사변이 일어났는데, 이때부터 궁궐이 어두운 것을 걱정한 고종은 미국 공사 푸트를 통해 토마스 에디슨에게 부탁하여 전등을 설치하게 하였으며 <u>최초로 전등을 설치한 곳은 경복궁</u>이다. 덕수궁에 전등을 설치한 것은 1900년이었다.

명동성당

11. 경성역과 경인선

우리나라 최초의 기찻길은 언제 만들어졌을까?

기차가 지나가는 길목에 집이 있으면 어떨까요? 아무래도 지나가는 소리가 너무 시끄러울 것 같아요. 〈기찻길 옆〉이라는 동요도 있어요!

"기찻길 옆 오막살이 아기아기 잘도 잔다.
칙 폭 칙칙 폭폭 칙칙폭폭 칙칙폭폭
기차 소리 요란해도 아기아기 잘도 잔다."

시커먼 쇳덩어리로 만들어진 기차는 앞머리에 달린 뿔 같은 굴뚝에서 꾸역꾸역 검은 연기를 뿜어대요. 그리고는 요란한 쇳소리를 내며 기찻길을 굴러가지요. 이런 기차가 우리나라에 처음 나타난 것은 1899년이었어요. 서울의 노량진에서 인천의 제물포까지 오가는 경인선이었어요.

지금은 기차 덕분에 서울-부산 거리를 2시간 반 만에 갈 수 있지

그다음에는 서울과 부산을 오가는 기찻길이 만들어졌어요. 서울의 용산에서 출발하여 대전과 대구를 거쳐 부산의 초량까지 이어지는 먼 길이었어요. 한강에는 기차가 다닐 수 있도록 철도로 만든 다리도 세웠어요. 덕분에 옛날에는 걸어서 다니던 길을 이제는 편하게 오갈 수 있게 되었지만 모든 사람이 좋아하지는 않았답니다. 일본이 억지로 길을 뚫고 역을 세우는 바람에 땅을 빼앗기는 사람도 많았기 때문이에요. 화가 나서 기찻길을 부수는 사람도 있었다고 해요.

더 알아보기

우리나라 최초의 교통사고는 언제였을까?

TALK

서울에 전차가 다니기 시작한 것은 1899년 5월 17일이었다. 1898년에 설립된 한성전기회사가 운영한 것으로 동대문과 신문로 사이를 오가는 노선이었다. 개통되고 열흘이 지난 1899년 5월 26일 종로 2가 근처에서 운행되는 전차 앞을 지나가던 아이가 차에 치여 목숨을 잃고 말았다.

경성역과 경인선

우리나라 최초의 기찻길을 지나간 기차를 점을 따라 그려 완성해주세요.

12. 을사조약

을사조약에 서명한 을사오적은 누구일까?

일본이 러시아와 전쟁을 벌였어요. 전 세계 모든 사람들은 이 전쟁에서 러시아가 이길 것이라 예상했는데 오히려 일본이 이겼어요. 1905년 을사년에 전쟁에서 승리한 일본은 영국과 미국 그리고 러시아로부터 대한제국의 외교권을 빼앗고 일본이 우리를 보호하겠다는 다짐을 받아냈어요. 사실 일본의 속셈은 우리나라를 차지하려는 것이었지요. 가만히 두었다가는 우리나라가 일본보다 더 잘 살게 되어 자기들의 욕심을 채울 수 없을 것 같았기 때문이었어요.

일본은 우리나라의 높은 관료 5명을 꾀어서 일본이 우리나라를 보호하겠다는 약속을 맺게 했어요. 고종은 을사조약에 서명을 하지 않았는데 자기들끼리 억지로 맺은 것이었어요. 이 조약은 '을사조약'으로, '억지로 맺은 을사조약'이라는 뜻에서 '을사늑약'이라고도 부른답니다. 을사조약의 핵심 내용은 일본이 우리나라의 외교권을 빼앗는 것이었어요. 당장 우리나라가 일본에 넘어간 건 아니었지만, 우리는 의견을 말할 수 있는 목소리를 잃어버린 것이에요.

을사조약에 찬성한 관료 박제순, 이지용, 이근택, 이완용, 권중현 이 다섯 명을 '을사오적'이라고 불러요. 모든 사람들이 일본과 을사오적을 나라를 팔아먹은 도둑이라고 손가락질하였어요. 슬프게도 어떤 사람은 화를 참지 못하고 스스로 목숨을 끊기도 했다고 해요.

더 알아보기

'을씨년스럽다'는 무슨 말일까?

TALK

공포영화에서 무섭고 어두운 장소를 지날 때 '을씨년스럽다'라는 말을 한다. 날씨나 분위기가 몹시 어수선하고 쓸쓸할 때 쓰는 말인 '을씨년스럽다'는 '을사년스럽다'라는 말이 변한 말이다. 우리나라의 외교권을 강제로 빼앗긴 을사년, 사람들은 마음이 몹시 우울하고 좋지 않았다. 그래서 날씨나 마음이 불편할 때 '을사년처럼 좋지 않다'는 표현을 하게 되었고, 이 말은 '을씨년스럽다'가 되었다.

13. 국채보상운동

빚 때문에 나라를 잃을 수 있을까?

경상북도 대구에는 '국채보상운동 기념공원'이라는 공원이 하나 있어요. 국채는 일정 시점에서 한 나라가 빚지고 있는 돈이라는 뜻이에요. 1907년의 국채보상운동은 나라가 진 빚을 국민이 돈을 모아 갚아주자는 운동인데, 대구에서부터 국채보상운동이 시작된 것을 기념하기 위해 공원을 만들었어요.

일본은 '을사조약'으로 우리나라를 자기들 마음대로 할 수 있게 되었어요. 그리고는 우리를 도와주는 척하면서 우리나라에 많은 돈을 빌려주었지요. 일본은 나중에 빌린 돈을 갚지 못하게 되면 그것을 빌미로 우리나라를 빼앗으려는 속셈이었어요.

일본의 속셈을 알게 된 많은 사람이 나라의 빚을 대신 갚고자 스스로 돈을 모으기 시작했어요. 대구에서 가장 먼저 모금을 시작했는데, 남자들은 담배를 끊고, 여자들은 반지와 비녀를 내놓기도 했답니다. 이렇게 시작된 국채보상운동은 빠르게 전국으로 퍼졌고 서울에는 대한매일신보와 황성신문 같은 신문사들이 앞장섰어요.

안타깝게도 국채보상운동은 대한제국의 외교권을 대신 행사하던 일본의 통감부가 방해하는 바람에 성공하지 못했어요. 하지만 우리나라 사람들은 함께 뭉쳐서 힘을 모으면 큰일을 할 수 있다는 좋은 교훈을 얻었어요.

더 알아보기

그 당시 국채는 모두 얼마였을까?

TALK

을사조약으로 인해 대한제국의 재정 고문으로 일본인 메가타가 부임하였다. 그는 일본에서 네 차례에 걸쳐 돈을 빌려왔는데, 1906년에는 국채가 1150만원에 이르게 되었다. 1907년 국채보상운동이 시작될 때에는 국채가 모두 1300만원이라고 한다. 1300만원은 당시 대한제국의 1년 예산에 맞먹는 액수이다.

14. 헤이그 특사

을사조약의 부당함을 알린 특사는 누구일까?

우리나라 서울에서 유럽으로 어떻게 갈 수 있을까요? 비행기로 날아가더라도 10시간이 넘게 걸리는 먼 길이지요. 그렇다면 100년도 넘은 1907년, 비행기도 없던 그 시절 옛날 사람들은 어떻게 서울에서 유럽의 네덜란드로 갔을까요? 정답은 바로 기차예요. 옛날에는 서울에서 러시아의 블라디보스톡이라는 도시를 거쳐 몇 주 동안 기차를 타고서 유럽으로 갔답니다.

1907년, 기차를 타고 유럽으로 가기 위해 서울을 떠났던 이준(1859~1907)이라는 사람이 있었어요. 이준은 대한제국 황제인 광무제의 비밀문서를 지닌 특사였어요. 일본인의 눈을 피해 러시아 블라디보스톡에서 이상설(1870~1917)을 만났고, 러시아의 수도인 모스크바에서는 이위종(1887~미상)을 만났어요.

이렇게 모인 3명의 특사 이준, 이상설, 이위종은 네덜란드에 있는 헤이그라는 도시에서 열린 만국평화회의에 참석하고자 했어요. 그곳에서 일본이 대한제국과 억지로 맺은 을사조약의 부당함을 알리고 무효라고 말하기 위해서였어요. 사실을 알게 된 일본은 깜짝 놀라 영국의 도움을 받아 3명의 특사들이 하려는 일을 막았어요. 그리고는 서울에 있던 광무황제를 총과 대포로 협박하여 왕의 자리에서 내려오게 하고 우리나라의 군대를 없애 버렸어요. 화가 난 우리나라 군인들은 독립군이 되어 해방 될 때까지 용감히 일본과 맞서 싸웠어요.

지금 가도 먼 거리를 나라를 위해 생명을 위협을 느끼면서도 목숨 바쳐 가셨구나

특사는 한국인만 있었을까?

TALK

헤이그에 파견된 특사는 3명이었지만, 광무황제는 한 명의 특사를 더 보냈다. 4번째 특사는 미국인 헐버트(Homer Bezaleel Hulbert, 1863~1949)였다. 고종은 헐버트에게 을사조약의 무효를 주장하는 비밀문서를 주어 미국 대통령에게 전달하도록 하였으나 실패하였다. 현대 대한민국에서 한국인이 가장 좋아하는 외국인으로 뽑히기도 하였다.

15. 안중근 의사

안중근 의사가 이토를 죽인 이유는 모두 몇 가지일까?

"코레야 우라!"
1909년 10월 하얼빈에서 안중근(1879~1910) 의사가 일본인 이토 히로부미를 저격한 뒤 외친 말이에요. 이 말은 러시아 말로 '한국 만세'라는 뜻이에요. 의사는 '의로운 일을 한 선비'라는 뜻으로 나라와 민족을 위해 목숨을 바친 사람을 말해요.

일본은 러시아와 전쟁을 치른 뒤부터 우리나라를 완전히 차지하기 위해 온갖 나쁜 짓을 저질렀어요. 그러면서 겉으로는 동양의 평화를 위해 어쩔 수 없는 행동이라고 거짓말을 했어요. 이런 거짓말을 앞장서서 하고 다니던 사람이 이토 히로부미였어요.

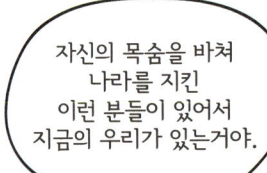

자신의 목숨을 바쳐 나라를 지킨 이런 분들이 있어서 지금의 우리가 있는거야.

안중근은 국채보상운동에도 참여하였고, 의병 대장으로도 활동을 했어요. 여러 사람의 노력에도 불구하고 일본은 야금야금 우리나라의 권리를 빼앗아 가고 있었는데, 안중근은 자기 손가락을 끊으며 우리나라를 되찾겠다 맹세를 했어요. 그리고는 우리나라 침략에 가장 앞장섰던 이토에게 죄를 물어 벌을 내린 것이에요.

이토를 3발의 총탄으로 죽인 안중근은 도망가지 않고 당당히 러시아 경찰에 체포되어요. 그리고 자신은 대한제국의 군인인 참모중장으로서 당연히 해야 할 일을 했을 뿐이라고 당당히 말했답니다. 안중근은 법정에서도 떨지 않고 이토가 지은 잘못이 15가지나 된다고 또박또박 알려주었어요. 지금 만주의 하얼빈에는 안중근 의사를 기념하는 기념관이 세워져 있어요.

더 알아보기

안중근 의사가 꿈꾸던 세상은 어떤 세상이었을까?

TALK

안중근은 이토가 지은 죄로 명성황후를 시해하고 고종황제를 폐위시키고 무고한 한국인들을 학살한 것 등을 지적하였다. 하지만 가장 큰 죄는 동양의 평화를 깨뜨리고 있다는 것이었다. 안중근은 한국과 중국 그리고 일본이 평화롭게 사는 세상을 꿈꾸며 자신의 사상을 <동양평화론>이라는 책에 담으려 하였으나 끝내 완성하지 못하고 1910년 3월 순국하였다.

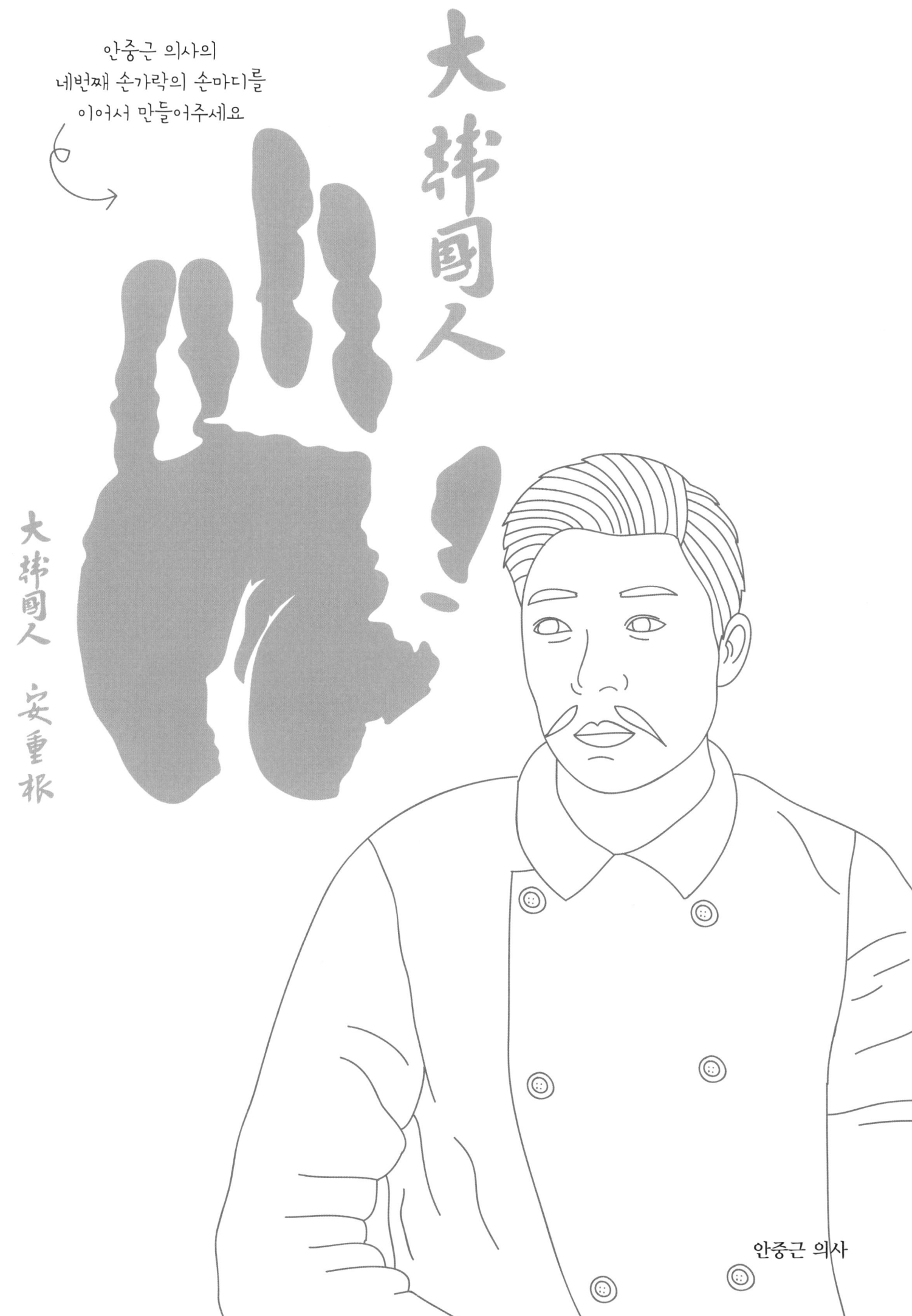

16. 통감부와 조선총독부

일본 총독은 군인이었다?

1905년에 을사조약을 억지로 맺고 일본은 대한제국 황실의 안녕과 평화를 유지한다는 이유로 우리나라에 통감부라는 통치기구를 세웠어요. 그러다 1910년에는 아예 대한제국과 일본을 하나로 만들겠다고 마음대로 결정해 버렸어요. 그때 대한제국의 황제 융희제(1874~1926, 재위 1907~1910)와, 융희제의 아버지인 광무제가 살아있었지만 정작 대한제국의 나랏일은 일본이 세운 통감부가 다 맡고 있었어요.

통감부에는 우리나라 사람이지만 일본 편을 드는 벼슬아치들이 있었는데, 이런 벼슬아치들을 친일 대신이라고 해요. 친일 대신들은 자신들의 이익을 챙기고자 나라의 권리를 자기들끼리 마음대로 팔았는데, 힘이 없던 대한제국의 황제 융희제는 그냥 쳐다볼 수밖에 없었어요.

1910년에 통감은 조선 총독이 되었어요. 조선 총독과 일본 경찰들은 칼과 총을 가지고 다니며 우리나라 사람들이 말을 잘 듣지 않을 때마다 몽둥이로 때렸어요. 일본 총독은 모두 군인이었고, 거리의 경찰들도 사실은 모두 군인이었어요. 심지어 학교의 선생님도 칼을 차고 수업을 했다고 해요.

더 알아보기

궁궐을 동물원으로 바꾼 적이 있을까?

TALK

창경궁은 창덕궁과 함께 조선의 대표적인 궁궐이었다. 일제는 창덕궁에 있는 융희제를 위한다는 명분으로 창경궁의 많은 건물을 헐고 식물원과 동물원을 만들었다. 그리고 일본에서 벚꽃을 들여와 심고는 이름을 창경원으로 낮춰 1911년 일반인들에게 공개하였다. 창경원은 1983년에 와서야 다시 창경궁으로 복원되었다.

통감부

꽃유생과 역사 TALK

정답 p93

1. 경복궁을 지으면서 백성들이 부르던 노래 제목은 무엇일까?

1.

2. 1876년 우리나라에서 맨 처음 문을 연 항구는 어디일까?
① 원산 ② 울산 ③ 부산 ④ 목포

2.

3. 다음 중 옳은 것에 O, 틀린 것에 X를 표시해 보자.

3. 옛날에는 남자도 머리가 길었다. (　　)
결혼 후 여자가 머리를 묶는 것을 '상투'라고 한다. (　　)
고종은 머리를 자른 적이 있다. (　　)
고종은 커피를 즐겨 마셨다. (　　)

4. 독립협회에서 파리의 개선문을 본떠 세운 문은 무엇일까?
① 독립문 ② 동대문 ③ 숭례문 ④ 흥인지문

4.

5. 내가 만약 안중근 의사라면 이토 히로부미에게 어떤 죄를 물었을까?

5.

제 2 장 임시정부

- 1919　17. 유관순 열사와 3.1 운동
- 1919　18. 대한민국 임시정부 수립
- 1920　19. 청산리 대첩
- 1920　20. 조선물산장려회
- 1922　21. 어린이날 제정
- 1926　22. 아리랑
- 1930　23. 안창남
- 1931　24. 화신상회
- 1932　25. 윤봉길 의사
- 1936　26. 손기정
- 1945　27. 윤동주와 이육사

17. 유관순 열사와 3.1 운동

3.1 운동 당시 유관순 열사는 몇 살이었을까?

삼일절을 기념하는 노래는 이렇게 시작해요.
"기미년 3월 1일, 정오, 터지자 밀물 같은 대한 독립만세!"
이 노랫말에서 나오는 기미년은 바로 1919년이에요. 이 해에 대한제국의 황제였던 광무제가 돌아가셨는데, 우리나라 사람들은 큰 슬픔에 잠겼어요. 사람들은 3월 1일에 황제를 위해 장례식을 치르기로 했어요. 독립운동가들은 이날에 더 큰 일을 벌이기로 마음먹었어요. 천도교와 기독교, 불교는 물론 학생들도 독립운동을 위해 한자리에 뭉쳤고, 이렇게 모인 우리 민족의 대표는 모두 33명이나 되었어요.

그동안 일본 총독부는 우리나라 사람들이 길거리에서 모이지 못하도록 막아 왔어요. 하지만 황제의 장례식에 가겠다는 사람들까진 일본도 막지 못하였지요. 서울 탑골공원에는 장례식에 참여하려는 사람들로 가득했어요. 정오가 되자 한 학생이 단상에 올라서 독립선언서를 낭독하고 목청껏 외쳤답니다.
"대한 독립 만세!"

그 당시 18살이었던 유관순(1902~1920)은 서울과 고향인 천안에서 만세 운동을 이끌었어요. 이런 유관순 열사를 일본 경찰은 감옥에 가두어 모진 고문을 하였어요. 감옥에서 나오기까지 3개월 남긴 1920년, 유관순 열사는 열아홉이라는 어린 나이에 죽고 말아요. 열사는 '나라를 위해 충성을 다하여 싸운 사람'이라는 뜻이랍니다. 그래서 우리는 아직도 유관순 열사를 누나나 언니로 부르기도 해요.

더 알아보기: 3.1 운동은 외국에서도 일어났다?

TALK

3.1절은 서울에서 일어난 만세 운동의 시작을 기념하는 것이다. 이보다 앞서 2월 1일에는 만주에서 먼저 독립선언서를 발표하였고, 일본에서는 2월 8일에 유학생들이 독립 선언을 하였다. 실제 고종의 장례 날은 3월 3일이었고, 이후 서울에서 시작된 만세 운동은 전국으로 퍼졌다. 유럽에는 김규식이 대표로 파견되어 있었고, 미국에서도 교포들이 만세 운동을 벌였다.

18. 대한민국 임시정부

대한민국에는 어떤 뜻이 담겨있을까?

"대~한 민국! 짝짝짝! 짝짝!"

우리나라 축구 대표 팀을 응원하는 구호예요. 대한민국이라는 이름이 너무 자랑스럽지요. 대한민국이라는 이름으로 우리나라를 부르는 것은 1919년부터예요. 3.1 운동 이후 우리나라에서는 새로운 정부를 세우려고 노력하였어요. 러시아나 중국, 그리고 미국에서도 많은 사람이 마음을 함께 했어요.

세계 여러 곳에 흩어져 있던 정부들은 마침내 중국의 상하이에 통일된 정부를 세우기로 하였어요. 이렇게 세워진 것이 대한민국 임시정부예요. 대한민국은 '대한제국에 이어서 세워진 우리 민족의 나라'라는 뜻이랍니다. 대신 아직 완전하게 독립되지 않았기에 임시정부라고 불렀어요.

김구 할아버지는 초반에 임시 정부에서 중요한 직책을 맡지 못했지만 곧 능력을 인정 받아 임시 정부의 중심 역할을 하셨지~

임시정부는 백두산 주변의 중국 땅에 독립군 부대를 두었고, 우리의 독립을 주장하기 위해 미국과 유럽에도 대표를 보냈어요. 또한 일본 경찰 몰래 우리나라 안으로도 사람을 보내어 서로 연락을 주고받았어요. 나라 안과 밖에서 함께 독립을 위해 싸우기로 한 것이죠.

많은 어려움을 겪으며 임시정부는 1945년까지 일본에 굴복하지 않고 끝까지 싸웠어요. 김구(1876~1949)가 대표를 맡으며 많은 어려움 속에서도 임시정부를 지켜냈기 때문이에요. 지금 우리나라의 헌법에도 분명하게 적혀 있어요. 대한민국은 1919년에 세워진 대한민국 임시정부를 이어받았다고 말이에요.

더 알아보기

대한민국임시정부가 일본제국에 선전포고를 하였다? TALK

임시정부는 1940년 9월에 지청천(1888~1957)을 총사령관으로 삼아 한국광복군을 만들고, 일본과의 전쟁을 준비하였다. 1941년 12월 7일, 일본제국이 미국 하와이의 진주만을 폭격하며 태평양전쟁을 일으키자, 12월 9일에 대한민국임시정부는 일본제국에 공식적으로 선전포고를 하였다. 이후 연합군의 일원으로 일본제국에 맞서 싸웠다.

19. 청산리 대첩

제대로 된 무기 없이 독립군은 어떻게 일본군과 싸웠을까?

일본에 나라를 빼앗긴 뒤, 백두산 너머 만주의 간도(중국 길림성의 동남부 지역)로 많은 사람들이 독립군이 되어 일본군과 싸우기 위해 이사를 갔었어요. 처음에는 좋은 무기를 지닌 일본군에 쫓겨 다녀야만 했지만 사람들은 일본군을 물리칠 방법을 찾아냈어요. 그것은 백두산의 지형을 이용하는 것이었어요. 백두산 주변은 워낙 산이 높고 숲이 우거져 산속에 잘못 들어서면 쉽게 길을 잃어버렸어요.

독립군은 백두산 북쪽의 군대와 서쪽의 군대가 따로 있었어요. 북쪽은 김좌진(1889~1930) 장군이 이끌고 서쪽은 홍범도(1868~1943) 장군이 이끌었어요. 처음에는 홍범도 장군의 서쪽 군대가 일본군에 쫓기는 척 산속으로 들어왔어요. 일본군은 그것도 모른 채 뒤쫓아 왔어요. 산속에는 이미 김좌진 장군의 독립군이 숨어 있었답니다.

깊은 산 속에 들어온 일본군은 갑자기 길이 없어지자 놀랐어요. 그 순간 숨어서 기다리던 독립군들은 일본군을 공격하기 시작했어요. 도망치는 척하던 다른 독립군도 돌아서서 용감하게 싸우기 시작했어요. 겁을 먹은 일본군은 도망치기 바빴답니다. 이 싸움을 청산리 대첩이라고 불러요. 청산리 대첩은 독립 투쟁 사상 거두었던 최대 규모의 큰 승리랍니다.

좋은 무기 없이도 승리를 거두다니 우리 조상님들은 정말 머리가 좋으신 것 같아!

일본 경찰이 가장 무서워한 독립 투사는 누구였을까?

TALK

일제 강점기 일본 경찰은 의열단의 단장인 김원봉(1898~1958)을 찾기 위해 이곳저곳을 열심히 살폈다. 의열단은 국내에 몰래 들어와 일본 총독부의 관공서나 경찰서에 폭탄을 던지거나 총독을 암살하려고 하였다. 철저한 비밀 조직이었고, 의열단원은 잡힐 경우에는 스스로 목숨을 끊었다. 김원봉은 이후 한국광복군의 부사령관이 되었다.

20. 조선물산장려회

일제강점기 조선에서 가장 잘 팔리는 물건은 무엇이었을까?

'우리가 만든 것, 우리가 쓰자'라는 광고가 신문에 실렸어요. 사람들은 우리나라 회사나 공장이 잘 되면 독립을 좀 더 빨리할 수 있다고 생각했어요. 평양에서 조만식(1883~1950)을 중심으로 우리 것을 쓰자는 운동이 시작되었어요. 곧 서울은 물론 전국에서 많은 사람이 참여했답니다. 일제 강점기에 우리나라 회사 중 가장 큰 곳은 옷감을 만드는 회사였어요. 그밖에 고무신을 만드는 회사도 있었고 속옷을 만드는 곳도 있었어요. 비록 일본 회사보다 크기도 작고 물건의 양도 적었지만, 우리나라 사람들은 힘껏 도와주었어요. 우리나라 회사에서 만든 제품들이 날개 돋친 듯 팔려나갔고, 그러다 보니 어떤 물건은 다 팔리고 없어서 기다렸다 사야 할 정도였어요.

일본은 우리나라에 주로 전쟁을 위한 공장을 세웠어요. 그래서 일상생활에 필요한 물건은 늘 부족했답니다. 우리나라 회사가 만드는 물건들은 값도 싸고 믿을 수 있어 모두 좋아했어요. 조선물산장려운동 덕분에 우리나라의 산업은 조금씩이나마 발전할 수 있었답니다.

1920년대 가장 인기 있는 화장품은 무엇이었을까?

TALK

1920년대 서울은 경성으로 불리며 상업 도시로 성장하고 있었다. 일본 대기업이 대부분이었으나 조선인 기업도 여러 곳이 성장하고 있었다. 그중 여성 화장품으로 가장 인기 있던 것은 '박가분'으로 '박승직상점'에서 판매하는 것이었다. 이 '박승직상점'은 현대까지 이어져 재벌을 형성하였다.

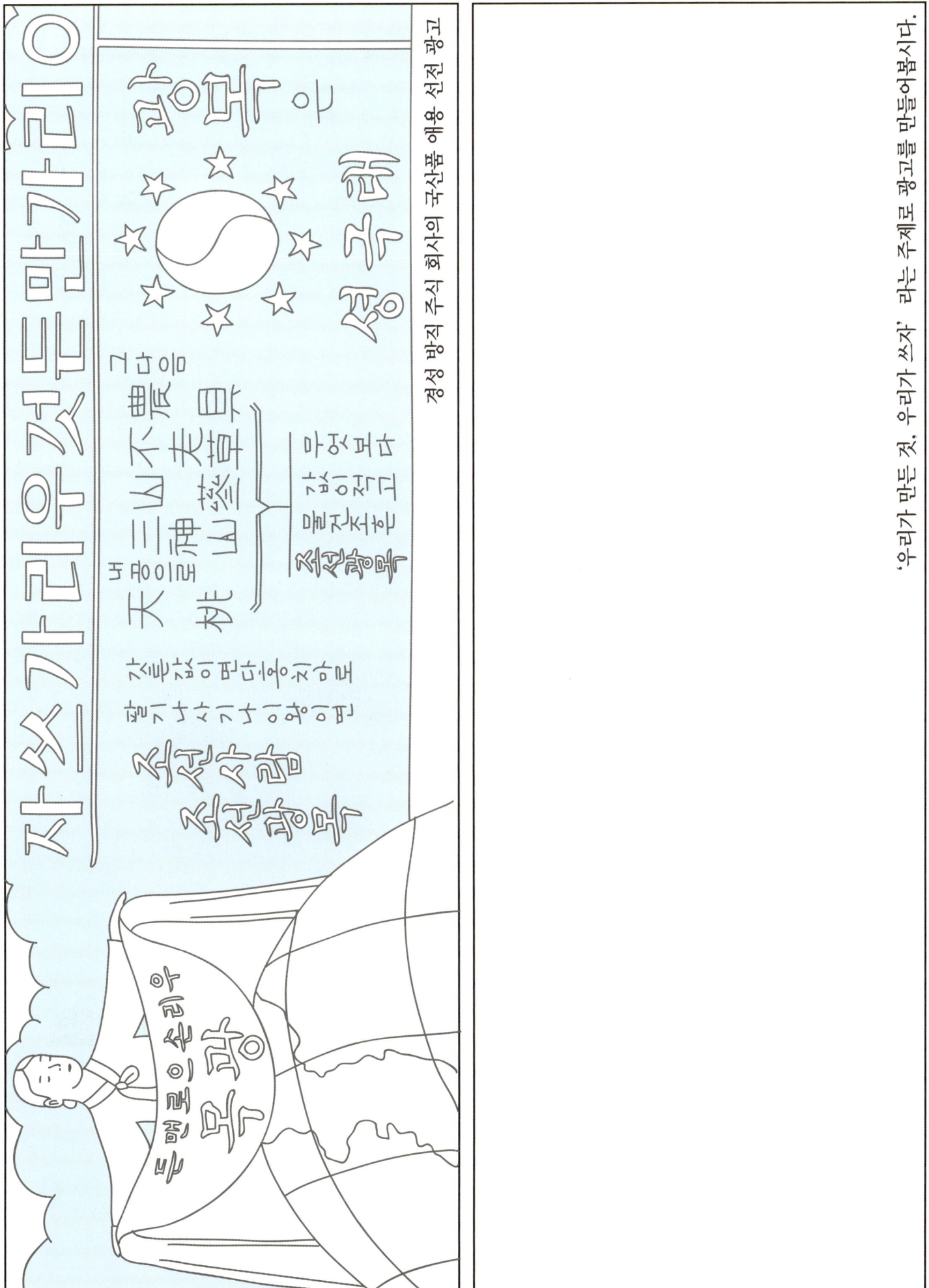

21. 어린이날 제정

어린이날은 왜 생겼을까?

어린이들이 가장 좋아하는 달은 5월입니다. 왜냐고요? 이유는 5월에 어린이날이 있기 때문이지요. 그렇다면 어린이날은 언제 처음으로 생겼을까요? 1922년에 색동회를 중심으로 방정환(1899~1931)과 여러 사람이 5월 1일을 어린이날로 삼은 것에서 시작되었어요. 어린이날을 만들기 위해 천도교에서 도움을 많이 받았고 '색동회'라는 예쁜 이름의 단체도 만들었어요. 또한 아이도 아니고 어른도 아닌 특별한 사람이라는 뜻의 '어린이'라는 말도 만들었답니다.

사람들은 우리나라의 미래와 희망은 어린이에게 있다고 생각했어요. 그래서 많은 사람이 방정환을 도와주었어요. 작곡가이자 아동 문학가였던 윤극영(1903~1988)은 '반달', '설날', '따오기' 등 어린이를 위한 동요를 많이 만들었어요. 윤극영의 동요는 방정환이 만든 〈어린이〉라는 잡지에 실려 널리 알려졌어요.

일제는 어린이날도 독립운동의 하나라며 간섭이 많았어요. 그러다 결국 어린이날을 없애 버렸어요. 해방된 뒤 1946년부터 다시 5월 5일을 어린이날로 삼았답니다. 힘들고 어려운 때였지만 어린이들이 고운 목소리로 부르는 동요를 들으면 모두 걱정이 나아졌어요.

더 알아보기: 다른 나라의 어린이날은 언제일까?

TALK

우리나라의 첫 번째 어린이날은 5월 1일이었는데, 노동절과 겹치지 않도록 5월 5일로 바꾸었다. 우리와 가까운 일본은 5월 5일이지만, 중국이나 러시아와 같은 공산국가는 대부분 6월 1일이다. 유엔에서는 11월 20일을 어린이날로 권장한다. 그래서 이집트, 프랑스, 남아프리카 공화국 등 아랍 국가나 유럽에서는 주로 11월 20일을 어린이날로 삼고 있다.

어린이날 포스터와 방정환

22. 아리랑

일제강점기 때 가장 인기 있었던 영화는 무엇이었을까?

"아리랑~ 아리랑~ 아라리요~ 아리랑 고개로 넘어간다.
나를 버리고 가시는 님은 십 리도 못 가서 발병 난다."
영화관에서 아리랑 노래가 흘러나오자 사람들이 모두 따라 불렀어요. 눈물을 흘리는 사람도 있었답니다. 요즘은 인기 있는 영화에 천만 명이 넘는 사람들이 몰린다지요. 그렇다면 일제 강점기 시절 가장 인기 있었던 영화는 무엇이었을까요? 그것은 우리나라 전래 민요인 아리랑의 이름을 딴 영화 '아리랑'이었어요.

정신병에 걸린 주인공이 일본 앞잡이를 잘못 죽이는 바람에 결국 잡혀가게 되는 내용이에요. 영화 '아리랑'의 특이한 점은 나운규(1902~1937)라는 사람이 감독과 주인공을 한꺼번에 했다는 것이에요.

그 당시 영화는 아무런 소리가 나지 않았어요. 대신 배우들의 대사는 변사라는 사람이 혼자서 다 말해 주었고 음악을 따로 틀어 주었어요. 영화 아리랑은 우리의 노래인 아리랑을 들려주었는데, 극장에 모인 사람들은 모두 아리랑 노래를 따라 불렀어요. 나라를 빼앗긴 슬픔을 노래를 부르며 풀었던 거예요. 일본 경찰도 그들의 노래를 말릴 수가 없었어요. 영화에서 나오는 노래를 부르는 것이었기 때문이죠.

아리랑은 2년 6개월에 걸쳐 전국에서 상영하는 어마어마한 기록을 세웠다는군!

더 알아보기 — 우리나라의 최초의 극장은 어디일까?

TALK

우리나라 최초의 상설 극장은 종로 3가에 세워진 단성사이다. 1907년에 세워졌는데, 일제 강점기 한국인을 위한 영화관으로 꾸준히 영업하였다. 우리나라 최초의 영화는 물론, 나운규의 '아리랑'도 단성사에서 개봉되었다. 그 외 일제 강점기 영화관으로는 '조선극장'과 '우미관' 등이 있었다.

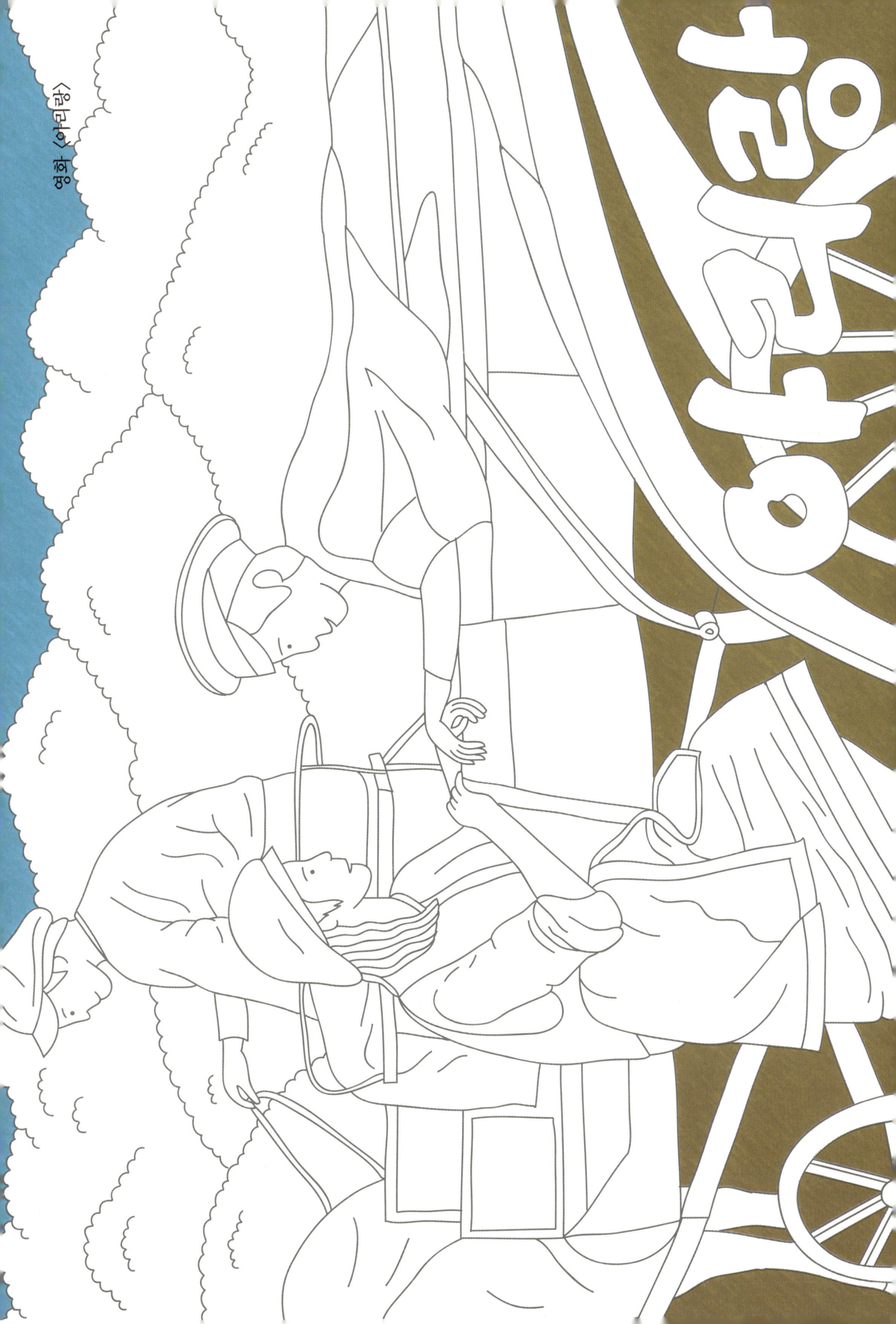

23. 안창남

우리나라 최초의 비행사는 누구일까?

　1926년 서울 하늘에 나타난 비행기를 보러 몇만 명의 사람들이 몰려들었어요. 비행기를 처음 본 사람들의 눈은 휘둥그레졌어요. 하늘에서 멋지게 날던 비행기가 마침내 땅으로 내려오자 사람들의 관심이 집중되었어요. 과연 비행기를 조종한 사람은 누구였을까요?

우리나라에서 처음으로 비행사가 된 사람은 안창남(1901~1930)이에요. 안창남은 일본에서부터 직접 비행기를 몰고 서울로 날아온 최초의 인물이기도 하지요. 안창남이 타고 온 비행기에는 우리나라 지도가 그려져 있었다고도 해요. 그때부터 우리나라 사람들은 비행기 노래를 즐겨 불렀답니다.

이후 안창남은 중국으로 건너가서 우리 독립군에게 비행기에 대해 가르쳐주며 독립운동을 하였어요. 일본군은 당시 최고의 비행기 조종사로 불리던 안창남을 몹시 무서워하였어요. 그러나 안타깝게도 안창남은 비행기 사고로 목숨을 잃고 말았어요. 하지만 그때 부르던 노래가 여전히 전해지고 있어요.

"떴다 보아라 안창남의 비행기, 굽어보아라 엄복동의 자전거"

노랫말에는 또 다른 이름인 엄복동이 나오죠? 엄복동(1892~1951)은 우리나라는 물론 일본까지 통틀어 자전거를 가장 잘 타는 사람이었어요. 하늘에서는 안창남, 땅에서는 엄복동이라니 얼마나 자랑스러웠을까요?

자신의 비행 기술을 독립운동에 바치려고 노력하신 훌륭한 분이시지

더 알아보기
우리나라 최초의 야구팀은 어디일까?

TALK

최초의 야구팀은 1904년 미국인 선교사 질레트(Gillett, 吉禮泰)가 서울의 기독교청년(YMCA)에서 만든 것이다. 1906년에 열린 YMCA 야구단과 덕어학교(德語學校 : 독일어학교)의 야구단과의 경기가 대한민국 최초의 야구 경기였다. YMCA에는 축구단도 있었다.

24. 화신상회

우리나라 최초의 백화점 이름은 무엇일까?

　서울에 백화점이 생겼다는 소식을 듣고 지방에서 올라온 사람들이 구경을 하기 위해 몰려들었어요. 우리나라 사람이 세운 백화점이라 더 보고 싶었다고 해요. 6층으로 된 건물에 그 당시 보기 힘들었던 엘리베이터와 에스컬레이터까지 있었어요. 이 백화점의 이름은 화신백화점이에요. 일본이 우리나라를 억지로 빼앗은 뒤, 우리나라 사람들을 못살게 괴롭혔어요. 특히 일본 상인은 우리나라 서울 한복판에서 자기들 마음대로 장사를 하며 돈을 많이 벌었어요. 우리나라에는 이미 일본 백화점도 들어와 있었어요.

　일본인들은 지금 서울의 을지로 주변에 모여 살았는데, 자연스럽게 일본 백화점이나 상점들도 그 주변에 있었어요. 우리나라 사람들은 을지로 대신 주로 종로에 있는 상점을 다녔어요. 일본 상인들과 경찰들은 일본 상점을 방해한다는 이유로 우리나라 상인들을 괴롭혔는데, 그럼에도 불구하고 우리나라 상인들은 꿋꿋하게 이겨내며 열심히 일을 하고 돈을 모았어요. 그래야 우리나라 학생들이 공부할 장학금도 줄 수 있고, 독립운동하는 사람들을 도울 수 있었기 때문이었어요.

조선 최고의 부자가 친일 활동에 적극 참여했다니 부끄럽군!

더 알아보기

조선 최고의 부자는 친일파이다?

TALK

화신백화점의 사장은 박흥식(1903~1994)으로 1931년 백화점을 개점한 뒤 사업이 계속 성공하여 조선 최고의 부자로 불리었다. 하지만 중일전쟁(1937) 이후 친일 활동에 적극적으로 나서서 거액의 기부금을 내거나 전투기를 만들어 일제에 바치기도 하였다. 이광수, 최남선 같은 문인도 일제의 침략을 찬양하는 글을 썼다.

25. 윤봉길 의사

백만 명도 못 한 일을 혼자서 할 수 있을까?

"콰-앙, 쾅!"
1932년 상해의 홍구공원에서 별안간 큰 소리가 나더니 시커먼 연기가 피어오르고, 여기저기서 사람들이 뛰어다녔어요. 누군가 폭탄을 던진 것이었어요. 그때 한 청년이 태극기를 꺼내 들고 큰 소리로 외쳤어요. "대한 독립 만세!"

폭탄을 던진 청년의 이름은 윤봉길(1908~1932)이에요. 윤봉길 의사는 일본군 대장과 군인들에게 폭탄을 던진 것이었어요. 그날 일본 군인들은 홍구공원에 모여 중국의 상해를 빼앗은 것을 기념하고 있었어요. 게다가 그날은 일본 왕의 생일이기도 하여 큰 기념행사를 하고 있었답니다. 중국인들은 그런 일본군이 미웠지만 어쩔 수 없었어요. 일본과 맞서 싸웠지만 지고 말았거든요. 중국은 100만 명도 넘는 군인이 있었지만 얄미운 일본에 아무런 말도 못 하고 있었어요.

그런데 한국의 청년 한 명이 우쭐해 있는 일본군 대장을 물리친 것이었어요. 일본군은 갑작스러운 대장의 죽음에 어쩔 줄 몰라 허둥거렸어요. 이 소식은 중국과 우리나라에 금방 퍼졌어요. 모두 가슴이 시원하다며 윤봉길 의사를 칭찬했어요. 당시 중국의 대통령이 윤봉길 의사를 이렇게 추켜세우며 고마워했어요. "중국 군인 백만 명이 하지 못한 일을 조선 청년이 해냈다."

우리나라뿐 아니라 중국인 백만 명을 대표해 대단한 일을 하셨구나~

더 알아보기: 윤봉길 의사가 던진 폭탄은 도시락이 아니다?

TALK

대부분 윤봉길 의사가 던진 폭탄을 도시락폭탄으로 알고 있으나, 실제로 사용한 폭탄은 물통 모양을 한 것이었다. 먼저 던진 폭탄이 터지는 것을 확인한 그는 지니고 있던 도시락 폭탄을 터뜨리려고 하였으나 터지지 않았다. 윤봉길은 일본 경찰에게 체포된 뒤 일본으로 잡혀가 1932년 12월 19일에 사형 집행으로 순국하였다.

26. 손기정

손기정은 왜 금메달을 따고도 슬펐을까?

올림픽에서 가장 마지막에 열리는 경기는 무엇일까요? 그건 바로 42.195km를 뛰는 마라톤이에요. 마라톤은 페르시아와의 전쟁에서 승리한 그리스 아테네의 병사가 승리의 소식을 전하기 위해 아테네로 뛰어간 것이 유래가 되었어요. 먼 길을 달리느라 얼마나 힘들었는지 그 군인은 그만 죽고 말았어요. 마라톤 경기는 죽은 군인을 기억하자는 뜻도 있어요. 마라톤에서 일 등을 한다는 것은 세상에서 가장 튼튼한 사람으로 인정받는 것이기도 해요.

1936년 독일의 베를린에서 열린 올림픽 마라톤 경기에서 우리나라 사람으로는 처음으로 손기정(1912~2002) 선수가 일 등을 했어요. 경기장을 가득 메운 온 세계 사람들 모두 놀랐어요. 달리기는 서양 사람이 가장 잘한다고 생각하고 있었거든요. 관중들은 일등으로 들어온 손기정을 진심으로 축하해주었어요. 하지만 정작 손기정은 기쁘지 않았어요. 왜냐하면 모두 손기정을 한국 사람이 아니라 일본 사람으로 알고 있었기 때문이에요. 그럴 수밖에 없었던 것이, 손기정의 가슴에는 태극기 대신 빨간 일본 국기가 그려져 있었어요. 그로부터 52년이 지난 1988년! 손기정은 환하게 웃으며 서울에서 열린 올림픽 경기장에 다시 섰어요. 가슴에는 태극기가, 손에는 올림픽을 밝히는 횃불이 들려있었어요.

그 당시 기자들도 손기정 선수 왼쪽 가슴의 일장기를 가리거나 지워 신문에 실었다고 하지

너무하잖아!!!

더 알아보기

우리나라 보물이 된 옛 그리스의 투구가 있다?

TALK

국립 중앙 박물관에는 <u>우리나라 보물 제904호인 청동으로 만든 투구</u>가 있다. 이 투구는 고대 그리스의 청동 투구로 기원전 6세기경에 제작된 것이다. 투구는 1936년 베를린 마라톤 우승자에게 부상으로 주기로 하였는데, 당시 우승자인 손기정에게 전달되지 않았다. 그 후 독일에서 보관하다가 1986년에야 손기정에게 주어졌고, 손기정은 이 투구를 박물관에 기증하였다.

27. 윤동주와 이육사

글로 독립운동을 할 수 있을까?

"죽는 날까지 하늘을 우러러 / 한 점 부끄럼이 없기를 / 잎새에 이는 바람에도 / 나는 괴로워했다. / 별을 노래하는 마음으로 / 모든 죽어가는 것을 사랑해야지 / 그리고 나한테 주어진 길을 걸어가야겠다. / 오늘 밤에도 별이 바람에 스치운다."

윤동주(1917~1945)의 〈서시〉랍니다. 아름다운 시를 노래한 시인 윤동주는 별을 보며 사랑과 추억, 시와 가족을 생각하는 사람이었어요. 일본 경찰은 시를 지어 독립운동을 한다는 이유로 윤동주를 잡아가서 감옥에 가두었어요. 결국 윤동주는 차가운 감옥에서 생을 마치고 말아요.

시인 이육사(1904~1944)도 시를 지었다는 이유로 감옥에 갇혔다가 풀려났어요. 사실 이육사는 원래 이름이 아니에요. 본명은 이원록인데, 일본군에 의해 감옥에 갇혔을 때 죄수 번호가 264번이었어요. 그 이후 자기 이름을 죄수 번호인 '이육사'로 삼고서 많은 독립운동 시를 지었어요.

어떻게 시를 지어서 독립운동을 할 수 있었을까요? 당시 일본은 우리나라 사람을 모두 일본 사람으로 만들려고 했어요. 그래서 이름도 일본식으로 바꾸고, 우리 말과 글도 쓰지 못하게 막았어요. 그런 일본에 한글로 만들어진 아름답고 훌륭한 윤동주와 이육사의 시는 독립운동이나 마찬가지였던 것이지요.

더 알아보기: '가갸날'은 무슨 날일까?

TALK

처음에는 한글날이 1926년 음력 9월 29일이었다. 그때는 아직 '한글'이라는 이름이 없어서 '가갸날'로 불렸는데, 1928년 주시경(1876~1914)이 '한글'이라는 이름을 지어 '가갸날'은 비로소 '한글날'이 되었다. 1945년 해방 이후로는 양력 10월 9일을 한글날로 삼았다.

내가 당시의 저항 시인이었다고 생각하고, 독립의 염원이 담긴 시를 써보세요.

이육사와 윤동주

꽃유생과 역사 TALK

정답 p93

1. 대한민국 임시정부가 세워졌던 중국의 도시는 어디일까?
① 워싱턴 ② 상하이 ③ 도쿄 ④ 블라디보스톡

1.

2. 비행기를 처음 본 우리나라 사람들은 비행기를 무엇이라고 생각했을까?

2.

3. 손기정 선수가 마라톤에서 우승한 올림픽이 열렸던 도시는 어디일까?
① 아테네 ② 런던 ③ 베를린 ④ LA

3.

4. '한글날'을 처음 만들었을 때 무슨 날이라고 불렀을까?
① 가갸날 ② 나냐날 ③ 다댜날 ④ 라랴날

4.

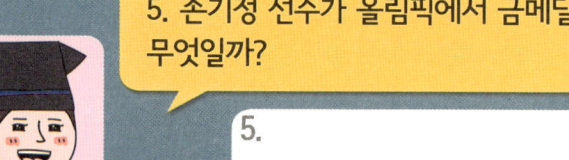
5. 손기정 선수가 올림픽에서 금메달을 따고도 슬펐던 이유는 무엇일까?

5.

제3장 대한민국

- 1945　28. 독립군와 8.15 광복
- 1948　29. 대한민국 정부수립
- 1950　30. 6.25 전쟁
- 1960　31. 4.19 혁명
- 1970　32. 새마을 운동
- 1983　33. 이산가족 찾기
- 1988　34. 서울 88올림픽
- 1991　35. 남북 동시 유엔(UN)가입
- 1997　36. IMF와 금 모으기 운동
- 2002　37. 2002 한일 월드컵
- 2012　38. 독도의 날

28. 광복군과 8.15 광복

우리나라는 언제 해방되었을까?

1945년 8월 15일. 사람들은 모두 라디오 방송을 귀 기울여 듣고 있었어요. 정말 믿을 수 없는 소식이었어요. 일본 왕이 하는 말인데, 일본이 전쟁에 져서 항복한다는 것이었어요. 모두 거리로 뛰쳐나와 서로 얼싸안고 눈물을 흘리며 맘껏 소리쳤어요.

"대한 독립 만세!"

우리나라 사람 중에서 일본이 전쟁에 질 것을 예상하고 미리 준비한 사람들도 있었어요. 중국에서는 대한민국 임시정부의 한국광복군이 일본군과 싸울 준비를 다 마치고 명령만 기다리고 있었고요. 한국광복군은 만주에서 싸우던 우리 독립군들이 하나로 뭉친 군대였어요. 비행기와 잠수함을 타고 우리나라로 진격하려던 참이었지요.

드디어 상해의 임시정부에도 일본이 항복했다는 소식이 들려왔어요. 나라를 빼앗긴 지 36년 만이었어요. 모두 기쁨의 눈물을 흘렸지만 아쉬움의 눈물을 흘린 사람도 있었어요. 임시정부를 이끌던 김구는 광복군의 힘으로 일본군을 몰아내 우리 손으로 광복을 이루고 싶었거든요. 그래도 기쁘고 가슴 벅찬 날이었어요!

더 알아보기: 태극기를 다는 법은 국경일마다 다르다?

TALK

국경일이 되면 집집마다 태극기를 달지만 태극기 다는 법은 어떤 날이냐에 따라 다르다. 국경일이나 기념일과 같은 광복절, 3.1절, 제헌절, 한글날 등은 깃봉을 떼지 않고 태극기를 달아야 하지만 나라를 위해 목숨을 바친 사람들의 충성을 기념하는 현충일에는 태극기의 세로 만큼 내려 달아야 한다.

8.15 광복

29. 대한민국 정부수립

대한민국과 조선, 두 나라로 나뉘어 독립하다?

　8월 15일은 광복절로 일본에 빼앗긴 나라를 되찾은 날이에요. 또한 8월 15일은 대한민국이라는 나라가 정식으로 시작된 날이기도 하고요. 우리나라는 1945년에 해방되고 3년 동안 새로운 나라를 만들기 위한 준비 끝에 1948년, 대한민국으로 새롭게 시작되었어요. 그러나 북위 38도 선을 기준으로 남쪽과 북쪽으로 나라가 나뉘고 말았어요.

　정식으로 나라가 되기 위해서는 국민이 선거를 해야만 하는데, 전 세계 여러 나라가 모인 국제연합에서 선거를 도와줄 사람들을 우리나라에 보냈어요. 북쪽에서는 국제연합에서 나온 사람들을 못 오게 막았답니다. 지금은 사라지고 없는 소련 군대가 있던 북쪽에서는 자기들끼리 선거를 하려 했어요. 의견이 갈린 남쪽과 북쪽은 38도 선을 사이에 두고 나뉘었고, 어쩔 수 없이 1948년 5월 10일에 남쪽에서만 선거를 하였어요.

　남쪽은 국제연합의 도움을 받아 선거를 통해 의원을 뽑고, 다시 헌법을 만들었어요. 7월 17일이 새롭게 헌법을 만든 날로, 지금의 제헌절이에요. 그 뒤 국회에서 대통령을 뽑았는데, 첫 번째로 대한민국의 대통령이 된 사람은 이승만(1875~1965)이랍니다. 이승만 대통령은 임시정부로부터 30년 만인 8월 15일에 대한민국을 정식으로 선언했어요.

> 자랑스러운 대한민국이 시작된 날이구나!

더 알아보기: 국토가 분단된 나라는 어디가 있을까?

TALK

　외세에 의해 국토가 분단된 나라들은 우리나라 말고 여러 곳이 있었다. 제2차 세계대전이 끝나고 독일은 영국, 프랑스, 미국이 점령한 곳인 서독과 소련이 점령한 곳인 동독으로 분리되었다. 베트남은 1954년 프랑스 식민지에서 독립하였으나 북위 17도 선을 기준으로 남북이 분리되었다. 독일은 1990년에 재통일되었고, 베트남은 1976년에 공산화되었다.

대한민국 정부 수립 국민 축하식과 이승만 대통령

30. 6.25 전쟁

남한과 북한을 나누는 선은 무엇일까?

우리나라는 삼면이 바다로 둘러싸여 있는 '반도'예요. 북쪽으로만 육지로 붙어있어 차를 타고 넓은 대륙을 가로지를 수 있어요. 옛날 고구려 광개토대왕은 현재 중국 땅인 넓은 만주벌판까지 국토를 넓혔어요. 지금은 북쪽으로는 길이 막혀 오지도 가지도 못하고 있어요. 그래서 우리는 섬이 아닌 섬나라처럼 살고 있지요. 왜냐하면 북쪽으로 휴전선이 그어져 철사로 울타리를 치고 있기 때문이에요. 이 휴전선은 1950년에 일어난 6.25 전쟁으로 생긴 것이에요.

1948년, 소련을 등에 업은 김일성(1912~1994)을 앞세워 공산주의자들이 북쪽에 나라를 세웠어요. 그러고는 1950년에 남쪽인 대한민국으로 갑자기 쳐들어왔어요. 갑작스러운 전쟁에 대한민국은 제대로 싸우지도 못했어요. 그러자 국제연합에 소속된 많은 나라가 우리를 돕기 위해 군대를 보내주었어요. 반대로 공산국가가 된 중국은 북한을 돕겠다며 우리나라를 침범했어요.

이 전쟁은 3년 동안 이어졌어요. 계속된 전쟁에 지친 남한과 북한은 전쟁을 쉬자는 휴전을 약속하였어요. 1953년 7월 27일 휴전이 됨으로써 남쪽과 북쪽을 나누는 군사분계선인 휴전선이 생겼고, 그 후로 지금까지 수십 년간 남한과 북한은 나누어진 채 있어요.

한 민족이 이렇게 갈라져 있다니 너무 가슴이 아파

더 알아보기

6.25 전쟁에서 우리나라를 도우러 군대를 파견한 나라는 모두 몇 개일까?

TALK

6.25 전쟁은 한국전쟁으로 불리기도 한다. 국제연합에서 유엔군을 구성하여 파견하였다. 파병한 나라는 미국, 캐나다, 콜롬비아, 호주, 뉴질랜드, 필리핀, 터키, 태국, 영국, 프랑스, 네덜란드, 벨기에, 룩셈부르크, 그리스, 에티오피아, 남아프리카공화국으로 모두 16개국이었다.

6.25 전쟁과 휴전선

31. 4.19 혁명

혁명에 앞장섰던 학생은 몇 살이었을까?

"자유의 종을 난타하라!"

때는 1960년, 이렇게 외치며 거리로 나섰던 대학생들이 있었어요. 이미 우리나라는 자유로운 나라인데 왜 자유의 종을 울리라는 것일까요? 그것은 이승만 대통령 때문이었어요.

이승만은 1948년에 대통령이 된 후로 죽을 때까지 대통령을 하려고 했지만 국민은 이승만을 투표로 뽑아주지 않았어요. 이승만 대통령은 옳은 소리를 내는 신문사 문을 닫게 했고, 자기보다 인기 있는 사람은 공산당이라고 속여 사형을 시키기도 했어요. 하지만 국민은 더 이상 참지 않았어요.

부산과 마산에서 시민들이 거리로 나와 시위를 벌였어요. 4월 18일에는 서울의 대학생과 고등학생들이 시위를 했었는데 경찰들은 시위를 하는 어린 학생들을 총으로 쏘아 죽였어요. 이 소식을 듣고 화가 난 시민들은 다음 날인 4월 19일에 한꺼번에 몰려들었어요. 이번에도 역시 경찰들은 시민들을 향해 총을 쏘았어요. 많은 사람이 우리나라의 자유를 위해 목숨을 바쳤던 것이지요. 시민들의 노력 끝에 이승만은 대통령 결국 자리에서 내려왔어요. 그래서 지금도 우리는 4월 19일을 혁명의 날로 기념하고 있어요.

자유를 위해 목숨을 바친 분들 덕에 우리가 이렇게 자유롭게 살고 있는 거야

더 알아보기

밤 12시가 넘으면 통행을 금지한다?

TALK

밤이 되면 길에 나다니지 못하는 것이 통행금지이다. 통행금지는 1945년 9월부터 시작되었고, 6.25 전쟁 때는 더욱 엄격하게 실시되었다. 급기야 1954년 4월에는 통행금지를 어기는 사람을 처벌하는 법까지 만들었다. 밤 12시부터 새벽 4시까지가 통행금지 시간이었는데, 1981년 1월 5일에야 통행금지가 해제되었다.

32. 새마을 운동

새마을 운동은 농촌에서만 펼쳤다?

"새벽종이 울렸네, 새 아침이 밝았네, 너도나도 일어나 새마을을 가꾸세"
아침이 되면 새마을 운동 노래가 골목마다 울려 퍼졌어요. 사람들은 아침 일찍 일어나서 골목길을 쓸고, 쓰레기를 치웠어요. 초록색 모자를 쓰고서 마을마다 서로 도와가며 많은 일들을 했어요. 초가집을 깨끗한 새집으로 바꾸고, 구불구불한 논밭을 반듯하게 만들었어요. 전국에는 반듯한 고속도로가 깔렸고, 마을마다 오가는 길도 넓어졌어요. 농촌에서 시작한 이 새마을 운동은 서울이나 부산 같은 큰 도시로도 퍼졌어요.

새마을 운동은 망가진 한국 경제를 살리는 데 큰 역할을 했어요. 우리나라 농촌은 세계 다른 나라가 부러워하는 곳이 되었어요. 그래서 새마을 운동을 배우기 위해 다른 나라에서 우리나라로 오기도 했어요. 게다가 유네스코에서는 새마을 운동에 대한 기록을 세계의 유산으로 삼았는데, 전 세계가 소중히 지키고 본받아야 할 유산이라는 뜻이에요.

방법은 조금 다르지만 새마을 운동은 지금까지도 계속 이어지고 있어요. 농촌과 도시 모두 잘 사는 곳을 만들자는 것이기 때문이죠.

알아보기: 지하철이 우리나라에 처음 생긴 것은 언제일까?

TALK

전차가 처음 우리나라에 들어온 것은 1898년이다. 그 후 서울 시내의 주요 교통수단이었으나 1968년에 폐지되었다. 교통 체증을 일으키고 차량도 너무 오래되었기 때문이었다. 대신 지하철을 건설하기 시작하여 1974년 8월 15일에 청량리와 서울역을 오가는 1호선이 처음 개통되었다.

33. 이산가족 찾기

이산가족들은 몇 년 만에 다시 만났을까?

　방송국 주변이 온통 사람을 찾는다는 벽보로 가득했어요. 어떤 사람은 엄마, 아빠를 찾았으며 어떤 사람은 잃어버린 동생을 찾기도 했어요. 그곳에 모인 사람들은 모두 6.25 전쟁에 어쩔 수 없이 헤어진 가족을 찾고 있었어요. 남북 분단으로 인해 약 1,000만 정도의 이산가족이 생겼기 때문이에요.

TV 방송에선 온종일 가족을 찾는 사람들이 나왔어요. 사람들은 저마다의 사연을 말하며 찾고 있는 가족의 얼굴에 점이 있다고, 어렸을 때 별명이 뭐였다며 울면서 말하기도 했어요. 오래된 사진 한 장을 들고나와, 이 사람을 본 적이 있는지 묻기도 했어요. 그러다 한 분이 30년 전에 헤어졌던 동생을 찾았어요. 둘은 너무나 반가워 눈물을 흘리며 서로를 꼭 껴안았어요.

"엄마도 찾았어. 엄마도 살아있어!" 전쟁 통에 헤어졌던 남매가 극적으로 다시 만나는 순간이었어요. 게다가 죽은 줄만 알았던 엄마도 살아 계신 것이었어요. 방송을 지켜보던 많은 사람도 함께 기뻐하며 눈물을 흘렸어요.

그러나 아직까지도 가족의 생사조차 모른 채 살아가는 이산가족이 많아요. 전쟁으로 어쩔 수 없이 가족과 헤어졌던 소녀는 이제 할머니가 되었지만 아직도 가족이 그리워 눈물로 밤을 지새우기도 해요.

헤어진 가족을 몇십 년 후에 만났으니 얼마나 기뻤을까

우린 헤어지지 말자~!

더 알아보기: 컬러 텔레비전은 언제부터 시작되었을까?

TALK

우리나라에 텔레비전 방송이 시작된 것은 1956년 11월이다. 국산 텔레비전은 1966년에 생산되었는데 이때까지만 해도 모두 흑백이었다. 1980년이 되어서야 컬러 텔레비전이 판매되었고, 1980년 12월 1일 처음으로 KBS에서 뉴스를 컬러로 방송하기 시작하였다. 전체 프로그램이 컬러로 방송된 것은 1981년 1월부터였다.

34. 서울 88올림픽

88년 올림픽에서 우리나라는 몇 위를 했을까?

파란 잔디가 펼쳐진 넓은 운동장 가운데를 7살 소년이 굴렁쇠를 굴리며 뛰어가요. 서울의 잠실 경기장에서 올림픽의 시작을 알리는 개막식이 펼쳐지고 있었어요. 올림픽은 4년마다 열리는 세계적인 축제인데, 우리나라는 1988년에 서울에서 올림픽을 열었어요.

서울에 큰 운동장을 짓고 공원도 꾸미며 모든 국민이 힘을 모아 전 세계에서 온 손님을 기쁘게 맞이했어요. 서울 올림픽에 참가한 나라는 총 160개국이었는데, 우리나라는 금메달 12개, 은메달 10개, 동메달 11개를 따서 종합 4위를 했어요!

순위를 떠나 가장 자랑스러운 것은 모든 선수가 최선을 다했다는 것이었어요. 또 우리나라 사람 모두가 올림픽과 같은 국제적인 큰 행사를 훌륭히 치를 수 있다는 자신감을 가지게 되었어요. 사실 이웃 나라는 물론이고 우리 스스로도 올림픽을 잘 치를 수 있을지 걱정이었거든요. 더욱이 남한과 북한으로 나뉘어 서로 다투고 있었기 때문에 언제 또다시 전쟁이 일어날지도 몰랐고요.

서울 올림픽 이후, 우리 국민 스스로는 물론이고 세계 여러 나라 사람들도 한국은 친절하고 훌륭한 나라라고 인정했어요. 지금도 서울에는 올림픽 공원도 있고, 올림픽 마을과 올림픽대로라는 찻길도 있어요.

2018년에 열리는 평창 동계 올림픽도 우리나라에서 열린다구~

더 알아보기 — 서울 한강에는 모두 몇 개의 다리가 있을까?

TALK

서울의 한강에 있는 철교는 잠실, 한강, 당산, 마곡으로 총 4개이다. 그 외 강동대교에서부터 구리암사, 광진, 천호, 올림픽, 잠실, 청담, 영동, 성수, 동호, 한남까지 11개, 잠수교부터 반포, 동작, 한강, 원효, 마포, 서강, 양화, 성산, 가양, 방화, 행주까지 12개로, 모두 합하면 27개이다. 현재 월드컵대교가 성산대교와 행주대교 사이에서 건설 중이다.

88올림픽과 굴렁쇠 소년

35. 남북 동시 유엔(UN)가입

UN에는 몇 개의 나라가 가입되어있을까?

전 세계의 거의 모든 나라가 서로 싸운 적이 있었어요. 그것도 두 번씩이나요! 이 전쟁을 세계대전이라고 하는데 첫 번째 세계대전이 끝난 뒤 각 국가는 화해를 했었어요. 다시는 싸우지 말자고 약속을 하며 모임을 만들었지만 또 전쟁을 일으키고 말았어요. 두 번째는 정말로 약속을 지키겠다고 다짐하며 1945년에 다시 모임을 만들었어요. 각 국가가 모여 평화를 위해 만든 모임은 바로 국제연합(United Nations)으로 유엔(UN)이라고도 해요.

유엔이 만들어지고 5년 뒤, 1950년에 우리나라에서 6.25 전쟁이 일어났어요. 유엔에서는 군대를 보내 남한을 도와주었어요. 전쟁을 멈춘 지금도 유엔의 군대가 휴전선을 지키고 있어요. 그런데 정작 우리나라는 유엔에 들어갈 수 없었어요. 북한을 부추겨 전쟁을 일으키게 했던 소련과 중국이 남한의 가입을 반대했기 때문이에요. 그래서 미국도 북한이 유엔에 가입하는 것을 막았어요.

그러던 1991년, 남한과 북한은 같은 날 유엔에 들어가게 되었어요. 남한의 가입을 반대하던 소련은 그사이 망하여 러시아가 되었고, 중국은 더 이상 트집을 잡지 않았기 때문이에요. 국제연합 회원국은 193개나 되는데, 2007년 1월부터는 우리나라의 반기문이 유엔을 이끄는 사무총장이 되었어요. 한국인으로서 반기문 UN 총장님이 정말 자랑스러워요.

나도 반기문 UN 총장님처럼 세계 평화를 위해 노력하는 사람이 될 거야

제2의 한국인 UN 사무총장이 탄생할 수 있기를~

유엔의 유네스코(UNESCO)에 오른 우리의 유산은 무엇일까?

TALK

유엔의 유네스코에 우리나라의 유산이 등재된 것은 1995년 석굴암과 불국사가 처음이었다. 같은 해에 해인사 장경판전, 종묘가 세계유산이 되었다. 1997년에는 훈민정음과 조선왕조실록이 세계기록유산으로 등재되었으며, 세계무형유산으로는 2001년 종묘제례악 이후 판소리, 매사냥, 아리랑, 농악 등이 등재되었다.

36. IMF와 금 모으기 운동

국민이 외환위기에 자발적으로 헌납한 것은 무엇이었을까?

"금 나와라, 뚝딱!" 도깨비가 방망이를 휘두르면 별안간 금덩이가 생기는 옛날이야기를 들어본 적 있죠? 정말 이런 방망이가 있으면 어떨까요? 우리나라 사람들 모두가 도깨비방망이를 갖고 싶었던 적이 있었답니다. 1997년이었어요. 당시 우리나라는 돈이 하나도 없었어요. 우리나라 돈이 아니라 외국 돈이 없었는데, 외국 돈이 없는 게 무슨 큰일일까요?

외국 돈은 다른 나라와 장사를 할 때 사용해요. 주로 미국 돈인 달러를 주고받아요. 그런데 달러가 없으니 다른 나라에서 물건을 사 올 수가 없었어요. 우리나라 돈은 받지 않고, 꼭 달러만 달라는 거예요. 하는 수 없이 우리나라는 국제금융기구인 IMF라는 곳에서 돈을 빌렸습니다. 이 사실을 안 국민들은 깜짝 놀랐어요. 그래서 우리나라 사람들은 나라의 빚을 갚기 위해 발 벗고 나섰지요.

국민은 누가 먼저랄 것도 없이 자신들이 가지고 있던 금을 나라에 자발적으로 내놓았어요. 결혼식 때 주고받은 반지며 아기의 돌 반지까지 금이라면 나라를 위해 내놓았어요. 당시 우리나라의 빚은 304억 달러에 이르렀는데, 금 모으기 운동으로 약 227톤의 금이 모였어요. 국민의 희생정신 덕분에 우리나라는 외환위기에서 빨리 벗어 날 수 있었다고 해요!

우리집에 금도 다 모아놔야지~

우리나라 화폐에 그려진 인물은 누구일까?

TALK

화폐는 동전과 지폐 2가지로 나뉜다. 지폐에는 오만 원권에 신사임당, 만 원권에 세종대왕, 오천 원권에 율곡 이이, 천원 권에 퇴계 이황이 그려져 있다. 이순신은 오백 원권 지폐에 있었다가 현재는 백 원 동전에만 있다. 1962년에 유통 정지된 지폐에는 이승만이 올라 있었다.

아래 빈칸에 적절한 문구를 넣어 금모으기 운동 포스터를 완성해보세요.

금모으기 운동

37. 2002년 한일 월드컵

축구에서 12번째 선수는 누구일까?

　축구는 전 세계 사람들이 좋아하는 운동이지요? 그래서 올림픽처럼 4년마다 어느 나라가 가장 축구를 잘하는지 세계적인 시합을 여는데 이 경기를 월드컵이라고 불러요. 2002년에 우리나라는 일본과 함께 월드컵을 열게 되었어요. 2002년 FIFA 월드컵은 제17회로 21세기 최초의 월드컵이자 아시아에서 처음으로 열리는, 그리고 대한민국과 일본 2개의 나라가 공동으로 개최한 최초의 월드컵이기도 해요.

우리나라 대표팀은 부산에서 시작해서 대구와 인천, 수원, 서울에서 경기를 하는 동안 한 번도 지지 않았어요. 열심히 땀 흘리며 뛰는 우리 선수들의 모습에 우리나라 사람들은 한마음으로 응원했어요. 다 함께 붉은 옷을 입고 거리로 나가 한목소리로 응원가를 불렀어요.

"대~한민국! 짝짝짝 짝짝!" 거리 곳곳을 메운 붉은 물결은 세계인에게 강한 인상을 남겼어요. 사람들은 선수들과 함께 응원하는 우리 국민을 12번째 선수라고 말하며 부러워했어요. 2002년 월드컵을 즐기러 온 많은 외국인은 함께 응원가를 부르기도 했어요.

우리 대표 팀은 국민의 응원에 힘입어 여러 축구 강국을 물리치고 4강까지 올랐답니다. 2002년 한일 월드컵을 시작으로 대한민국은 세계 축구에서 점차 중요한 국가가 되어가고 있어요.

우리나라가 4강까지 진출했다니 이건 정말 대단한거야

더 알아보기

세계인이 즐기는 우리의 축제에는 무엇이 있을까?

TALK

월드컵 이후 우리나라를 찾는 외국 관광객이 많아지면서 우리의 축제가 전 세계인의 축제가 되었다. 10월에 열리는 <u>부산의 국제영화제</u>는 세계적인 행사가 되었고, 매년 여름 서해안 대천 해수욕장의 <u>머드 축제</u>도 내·외국인으로 성황이다.

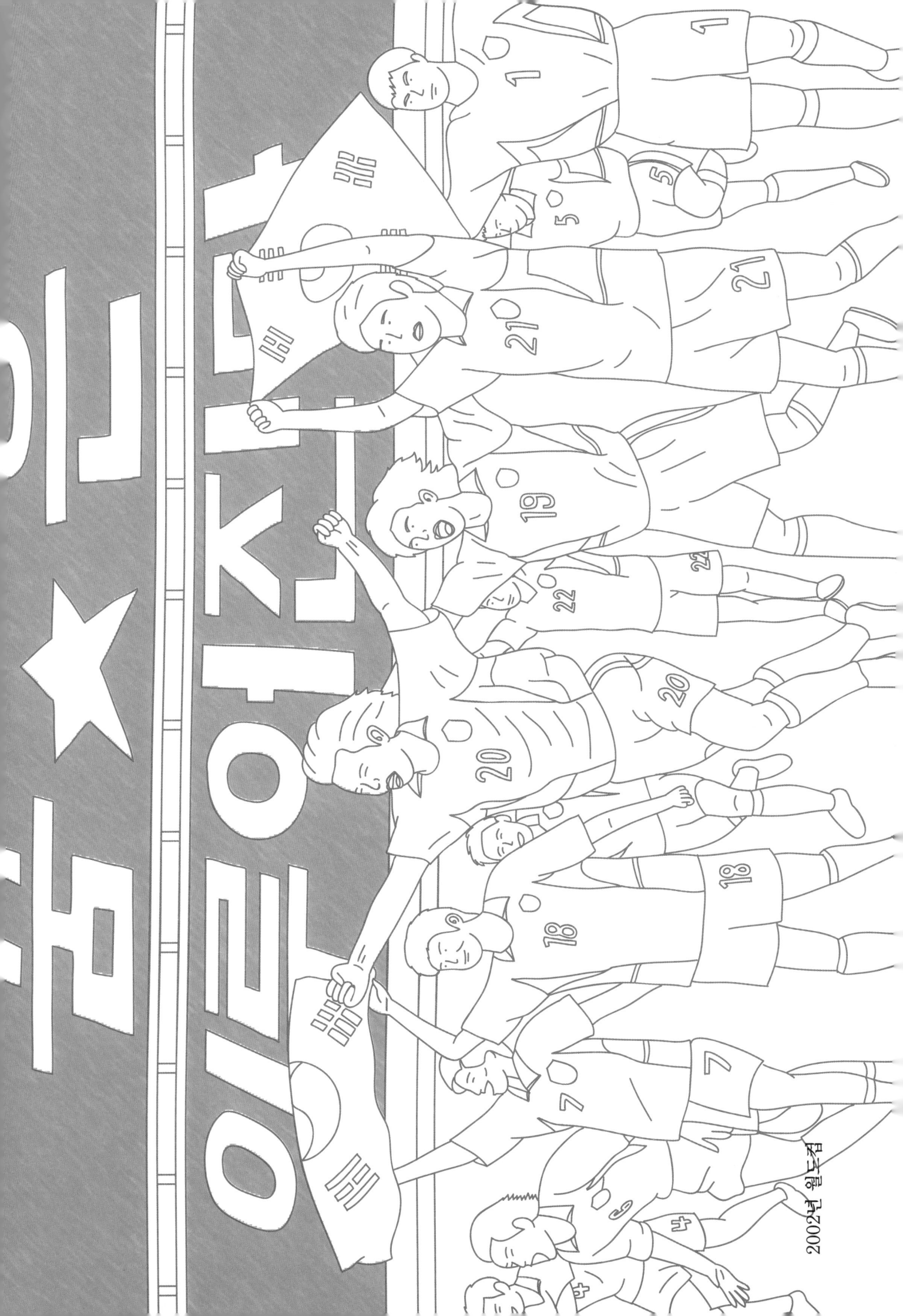

38. 독도의 날

독도는 하나일까?

"울릉도 동남쪽 뱃길 따라 2백 리. 외로운 섬 하나 새들의 고향. 그 누가 아무리 자기네 땅이라고 우겨도 독도는 우리 땅!" 누구나 알고 있는 이 노래는 푸른 동해 한가운데 있는 섬, 독도에 관한 노래예요. 독도의 원래 이름은 돌섬이라고 하는데, 돌섬이라는 이름을 한자로 적다 보니 비슷한 소리가 나는 '독도'가 되었어요.

갈매기와 같은 바닷새들은 독도가 집이에요. 옛날에는 물개를 닮은 강치도 엄청 많았다고 해요. 그런데 일본 배들이 마구 잡아가는 바람에 이제는 사라지고 말았어요.

독도의 동쪽 섬에는 우산봉, 서쪽 섬에는 대한봉이 있고, 중간에는 탕건봉으로 불리는 봉우리도 있어요. 그 주변에는 여러 가지 모양의 바위들이 많아요. 지네 바위, 군함 바위, 코끼리 바위, 김 바위, 닭 바위, 촛대 바위 등 신기하게 생긴 바위들이 정말 많지요. 그런데 바닷물 속으로는 모두 하나로 붙어 있다고 해요. 그러니까 독도는 깊은 바닷속에서부터 우뚝 솟은 커다란 산이라는 것이지요. 물 밖으로 드러난 봉우리가 3개라서 그렇지, 원래는 하나예요.

독도의 날은 광무황제가 1900년 10월 25일 대한제국 칙령 제41호에 독도를 울릉도의 부속 섬으로 명시한 것을 기념하기 위해 만들어졌어요. 독도는 넓고 푸른 바다 위에 혼자 떠 있지만 소중한 우리나라의 땅이랍니다. 그 누가 뭐라 해도요.

더 알아보기: 우리나라 동서남북의 가장 끝은 어디일까?

TALK

우리나라 영토의 가장 <u>동쪽은 독도</u>이다. 남쪽으로 가장 끝은 제주도 남쪽의 섬 마라도인데, 더 <u>남쪽으로는 암초인 이어도</u>도 있다. 서쪽 끝은 압록강 하구의 <u>평안북도 마안도</u>이고, 북쪽 끝은 두만강 가에 있는 <u>함경북도 온성군</u>이다.

꽃유생과 역사 TALK

정답 p93

1. 다음 알맞은 것에 줄을 그어보자.

2.
광복절 ·	· 5월 10일
총선거 ·	· 7월 17일
제헌절 ·	· 8월 15일

2. 6.25 전쟁에서 우리나라를 도우러 군대를 파견한 16개의 가운데 3곳 이상 써보자.

2.

3. 우리나라는 국채를 갚기 위해 국민들이 스스로 한 운동이 있었다. 빈칸에 알맞은 답을 넣어보자.

3.
	1)	2)
시기	1907년	1997년
발생원인	일제의 경제침략	외환위기

4. 우리나라 10만원짜리 지폐에 그려 넣고 싶은 것과 그 이유는 무엇인가?

4.

5. 다음 중 독도에 있는 봉우리와 바위 이름이 아닌 것은?
① 우산봉 ② 대한봉 ③ 탕건봉 ④ 한라봉

5.

정답

1장 대한제국　　　　　　　　　　　　　　　　p.44

1. 경복궁타령
2. 3번 부산
3. O, X, O, O
4. 1번 독립문
5. 정해진 정답은 없어요. 여러분의 생각을 자유롭게 쓰세요.

2장 임시정부　　　　　　　　　　　　　　　　p.68

1. 2번 상하이
2. 정해진 정답은 없어요. 여러분의 생각을 자유롭게 쓰세요.
3. 3번 베를린
4. 1번 가갸날
5. 태극기를 달고 달리지 못했기 때문이에요.

3장 대한민국　　　　　　　　　　　　　　　　p.92

1. 광복절 - 8월 15일
   총선거 - 5월 10일
   제헌절 - 7월 17일
2. 미국, 캐나다, 콜롬비아, 호주, 뉴질랜드, 필리핀, 터키, 태국, 영국, 프랑스, 네덜란드, 벨기에, 룩셈부르크, 그리스, 에티오피아, 남아프리카공화국 중 3곳 쓰면 정답!
3. 1)국채보상운동, 2)금 모으기 운동
4. 정해진 정답은 없어요. 여러분의 생각을 자유롭게 쓰세요.
5. 4번 한라봉

1. 경복궁의 경회루 
2. 척화비 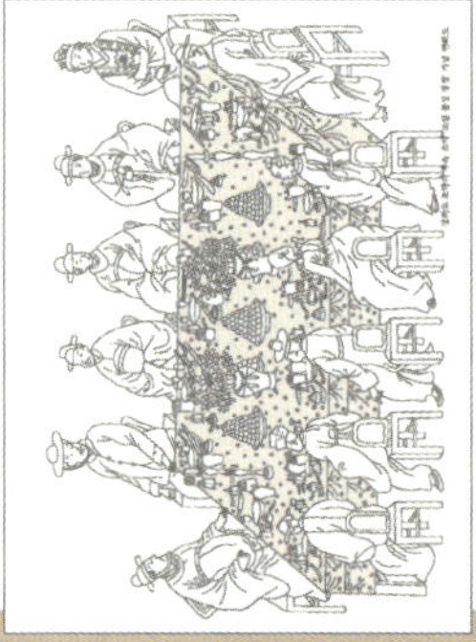
3. 강화도 조약 
4. 우정국 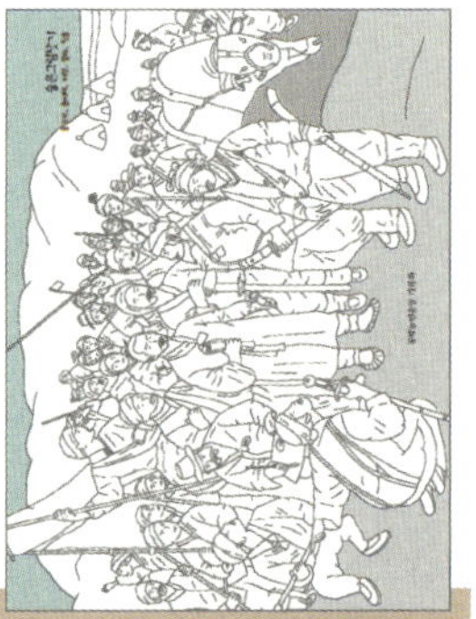
5. 동학농민 운동과 전봉준

6. 명성황후 
7. 단발령과 아관파천 
8. 대한제국의 성립 
9. 독립문 
10. 명동성당

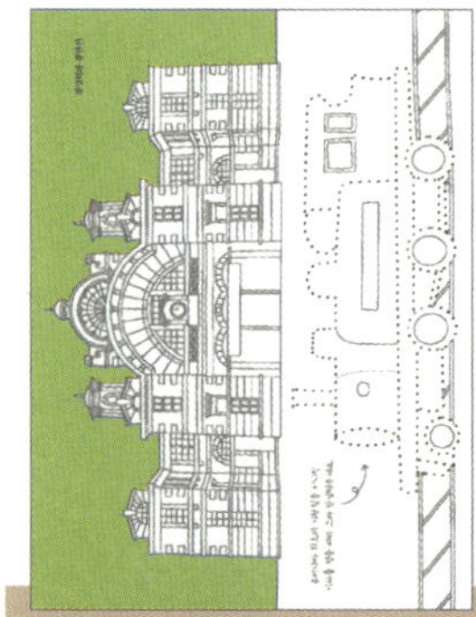

11. 경성역과 경인선 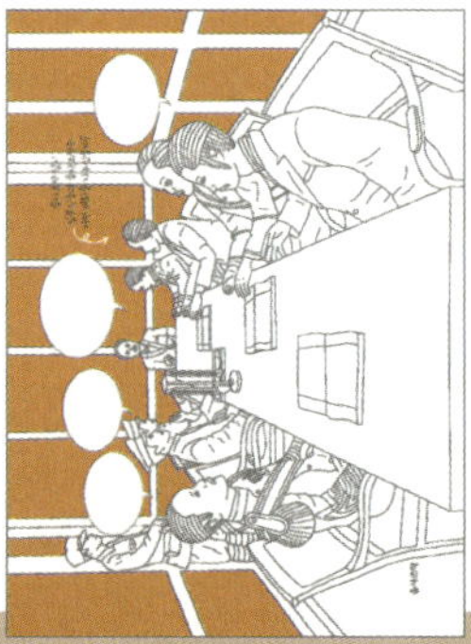
12. 을사조약 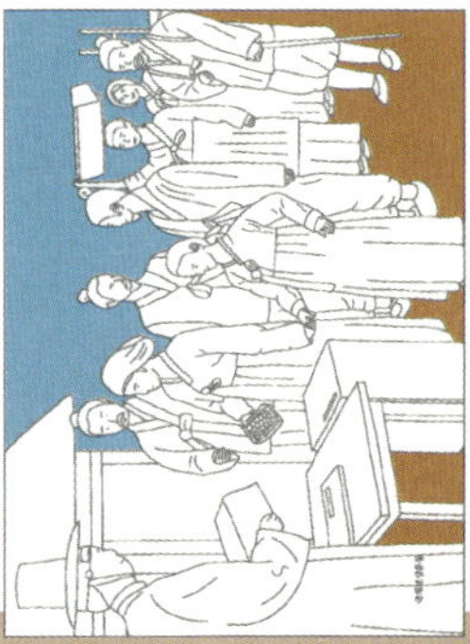
13. 국채보상운동 
14. 헤이그 특사 
15. 안중근 의사

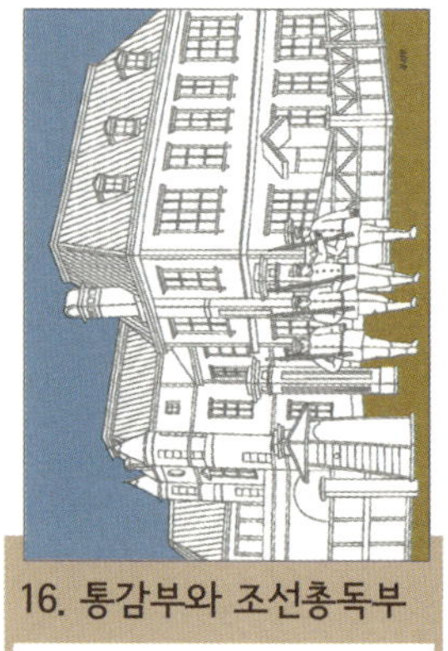

16. 통감부와 조선총독부
17. 유관순 열사와 3.1 운동 
18. 대한민국 임시정부 수립 
19. 청산리 대첩 
20. 조선물산장려회

| 26. 어린이날 제정 | 27. 아리랑 | 28. 안창남 | 29. 화신상회 | 30. 윤봉길 의사 |

| 26. 손기정 | 27. 윤동주와 이육사 | 28. 독립군와 8.15 광복 | 29. 대한민국 정부수립 | 30. 6.25 전쟁 |

| 31. 4.19 혁명 | 32. 새마을 운동 | 33. 이산가족 찾기 | 34. 서울 88올림픽 | 35. 남북 동시 유엔(UN)가입 |

| 36. IMF와 금 모으기 운동 | 37. 2002 한일 월드컵 | 38. 독도의 날 |

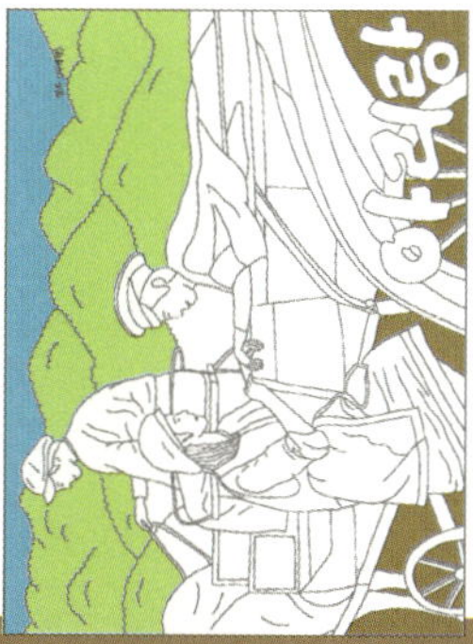

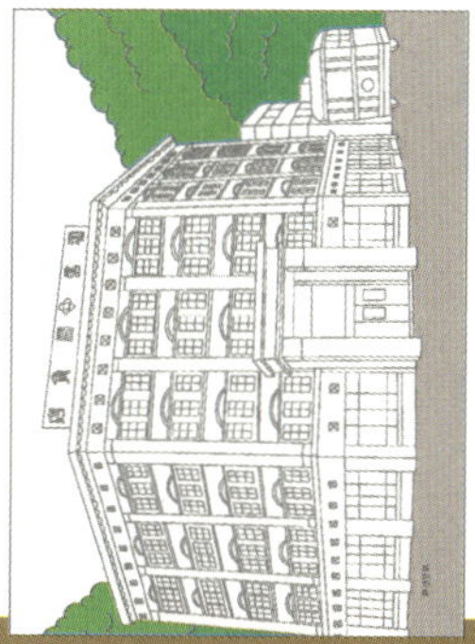

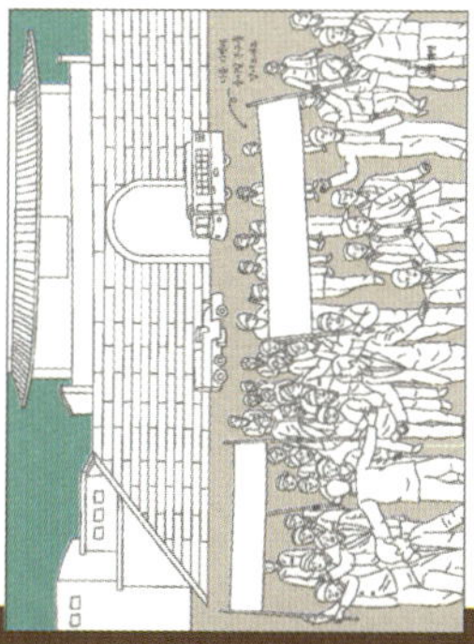

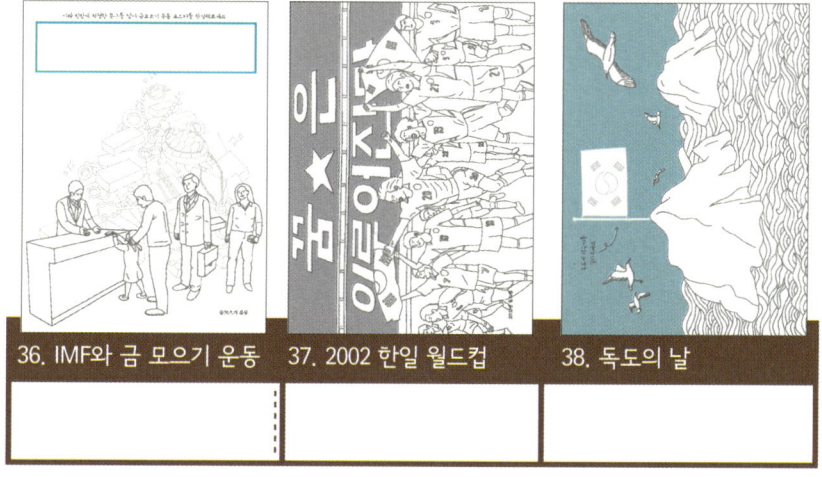

빈칸에 색칠한 날짜나 여행한 날짜 등을 메모해보세요. 어느새 세상에 하나뿐인 나만의 역사 책을 만나볼 수 있을 거예요.